文成天縱

續宋本叢書

蜀大字本史記專輯之一

上海圖書館藏『蜀大字本』史記

三

〔漢〕司馬遷 撰
〔南朝宋〕裴駰 集解

广西师范大学出版社
GUANGXI NORMAL UNIVERSITY PRESS
·桂林·

本册目録

楚世家第十　史記第四十

楚之先祖出自帝顓頊高陽高陽者黃帝之孫昌意之子也高陽生稱稱生卷章卷章生重黎（徐廣曰世本云老童生重黎及吳回譙周曰老童即卷章）重黎為帝嚳高辛居火正甚有功能光融天下帝嚳命曰祝融（虞翻曰祝大融明也韋昭曰祝始也）共工氏作亂帝嚳使重黎誅之而不盡帝乃以庚寅日誅重黎而以其弟吳回為重黎後復居火正為祝融吳回生陸終陸終生子六人坼剖而

産焉干寶曰先儒學士多疑此事譙允南通才達學精核數理者也作古史考以爲作者妄記廢而不論余亦尤其生之異也然案六子之世子孫有國升降六代數千年間迭至霸王天將興之必有尤物乎若夫前志所傳修已背坼而生禹簡狄胷剖而生契歷代久遠莫足相證近魏黄初五年汝南屈雍妻王氏生男兒從右胳下水腹上出而平和自若數月創合母子無恙斯蓋近事之信也以今況古固知注記者之不妄也天地云爲陰陽變化安可守之一端槩以常理乎詩云不坼不副無災無害原詩人之旨明古之婦人甞有坼剖而産者矣又有因産而遇災害者故美其無害也其長一曰昆吾虞翻曰昆吾名樊爲己姓封昆吾世本曰昆吾者衛是也二曰參胡世本曰參胡者韓是也三曰彭祖虞翻曰名翦爲彭姓封於大彭世本曰彭祖者彭城是也四曰會人世本曰會人者鄭是也五曰曹姓世本曰曹姓者邾是也六曰季連

芈姓楚其後也昆吾氏夏之時嘗爲侯伯
桀之時湯滅之彭祖氏殷之時嘗爲侯伯
殷之末世滅彭祖氏季連生附沮（孫檢曰一作祖）附
沮生穴熊其後中微或在中國或在蠻夷
弗能紀其世周文王之時季連之苗裔曰
鬻熊鬻熊子事文王蚤卒其子曰熊麗熊
麗生熊狂熊狂生熊繹熊繹當周成王之
時舉文武勤勞之後嗣而封熊繹於楚蠻
封以子男之田姓芈氏居丹陽（徐廣曰在南郡枝江縣）

楚子熊繹與魯公伯禽衛康叔子牟晉侯燮齊太公子呂伋俱事成王熊繹生熊艾熊艾生熊䵣熊䵣生熊勝熊勝以弟熊楊爲後熊楊生熊渠熊渠生子三人當周夷王之時王室微諸侯或不朝相伐熊渠甚得江漢閒民和乃興兵伐庸杜預曰庸今上庸縣楊粵至于鄂熊渠曰我蠻夷也不與中國之號謚乃立其長子康爲句亶王張瑩曰今江陵也中子紅爲鄂王九州記曰鄂今武昌少子執疵爲越章王皆

在江上楚蠻之地及周厲王之時暴虐熊渠畏其伐楚亦去其王後爲熊毋康徐廣曰即渠之長子毋康早死熊渠卒子熊摯紅立摯紅卒其弟弑而代立曰熊延熊延生熊勇熊勇六年而周人作亂攻厲王厲王出奔彘熊勇十年卒弟熊嚴爲後熊嚴十年卒有子四人長子伯霜中子仲雪次子叔堪少子季徇熊嚴卒長子伯霜代立是爲熊霜熊霜元年周宣王初立熊霜六年卒三弟

爭立仲雪死叔堪亡避難於濮杜預曰建寧郡南有卜夷而少弟季徇立是為熊徇熊徇十六年鄭桓公初封於鄭二十二年熊徇卒子熊咢立熊咢九年卒子熊儀立是為若敖若敖二十年周幽王為犬戎所弒周東徙而秦襄公始列為諸侯二十七年若敖卒子熊坎立是為霄敖霄敖六年卒子熊眴立徐廣曰眴音舜是為蚡冒蚡冒十三年晉始亂以曲沃之故蚡冒十七年卒蚡冒弟熊通弒蚡冒子

而代立是爲楚武王武王十七年晉之曲沃莊伯弑主國晉孝侯十九年鄭伯弟段作亂二十一年鄭侵天子之田二十三年衛弑其君桓公二十九年魯弑其君隱公三十一年宋太宰華督弑其君殤公三十五年楚伐隨賈逵曰隨姬姓也杜預曰隨國今義陽隨縣隨曰我無罪楚曰我蠻夷也今諸侯皆爲叛相侵或相殺我有敝甲欲以觀中國之政請王室尊吾號隨人爲之周請尊楚王室不聽還

報楚三十七年楚熊通怒曰吾先鬻熊文王之師也早終成王舉我先公乃以子男田令居楚蠻夷皆率服而王不加位我自尊耳乃自立爲武王與隨人盟而去於是始開濮地而有之五十一年周召隨侯數以立楚爲王楚怒以隨背己伐隨武王卒師中而兵罷（皇覽曰楚武王冢在汝南郡鮦陽縣葛陵鄉城東北民謂之楚王岑漢永平中葛陵城北祝里社下於土中得銅鼎而名曰楚武王由是知楚武王之冢民傳言秦項赤眉之時欲發之輒積壞塡壓不得發也）子文王熊貲立始都郢文王二年伐

中過鄧鄧人曰楚王易取鄧矦不許也（服虔曰鄧曼姓）六年伐蔡虜蔡哀矦以歸已而釋之楚彊陵江漢閒小國小國皆畏之十一年齊桓公始霸楚亦始大十二年伐鄧滅之十三年卒子熊囏立（史記音隱云囏古艱字）是爲杜敖杜敖五年欲殺其弟熊惲惲奔隨與隨襲弒杜敖代立是爲成王成王惲元年初即位布德施惠結舊好於諸矦使人獻天子天子賜胙曰鎭爾南方夷越之亂無侵中國

於是楚地千里十六年齊桓公以兵侵楚至陘山楚成王使將軍屈完以兵禦之與桓公盟桓公數以周之賦不入王室楚許之乃去十八年成王以兵北伐許地理志曰潁川許昌縣故許國也許君肉袒謝乃釋之二十二年伐黃二十六年滅英徐廣曰年表及他本皆作英一本作黃三十三年宋襄公欲為盟會召楚楚王怒曰召我我將好往襲辱之遂行至盂遂執辱宋公已而歸之三十四年鄭文公南朝楚成王

北伐宋敗之泓射傷宋襄公襄公遂病創
死三十五年晉公子重耳過成王以諸侯
客禮饗而厚送之於秦三十九年魯僖公
來請兵以伐齊楚使申侯將兵伐齊取穀
杜預曰濟北穀城縣置齊桓公子雍焉齊桓公七子皆
奔楚楚盡以爲上大夫滅夔夔不祀祝融
鬻熊故也服虔曰夔楚熊渠之孫熊摯之後夔在巫山之陽秭歸鄉是也夏伐宋
宋告急於晉晉救宋成王罷歸將軍子玉
請戰成王曰重耳亡居外久卒得反國天

之所開不可當子王固請乃與之少師而
去晉果敗子玉於城濮成王怒誅子玉四
十六年初成王將以商臣爲太子語令尹
子上子上曰君之齒未也杜預曰齒年也言尚少而又多
內寵絀乃亂也楚國之舉常在少者賈逵曰舉立也
且商臣蠭目而豺聲忍人也服虔曰言忍爲不義不可
立之王不聽立之後又欲立子職賈逵曰職商臣庶弟也
而絀太子商臣商臣聞而未審也告其傅
潘崇曰何以得其實崇曰饗王之寵姬姬當作妹

江芊而勿敬也商臣從之江芊怒曰宜乎王之欲殺若而立職也商臣告潘崇曰信矣崇曰能事之乎（服虔曰若立職子能事之）曰不能能亡去乎曰不能能行大事乎（服虔曰謂弒君）曰能冬十月商臣以宮衛兵圍成王成王請食熊蹯而死（杜預曰熊掌難熟冀久將有外救之也）不聽丁未成王自絞殺商臣代立是爲穆王穆王立以其太子宮予潘崇使爲太師掌國事穆王三年滅江（杜預曰江國在汝南安陽縣）四年滅六蓼六蓼皋陶之後（杜預曰六

國今廬江六縣蓼國今安豐蓼縣八年伐陳十二年卒子莊王侶立莊王即位三年不出號令日夜爲樂令國中曰有敢諫者死無赦伍舉入諫莊王左抱鄭姬右抱越女坐鍾鼓之閒伍舉曰願有進隱隱謂隱藏其意曰有鳥在於阜三年不蜚不鳴是何鳥也莊王曰三年不蜚蜚將冲天三年不鳴鳴將驚人舉退矣吾知之矣居數月淫益甚大夫蘇從乃入諫王曰若不聞令乎對曰殺身以明君臣之願也

於是乃罷淫樂聽政所誅者數百人所進者數百人任伍舉蘇從以政國人大說是歲滅庸六年伐宋獲五百乘八年伐陸渾戎（服虔曰陸渾戎在洛西南）遂至洛觀兵於周郊（服虔曰觀兵陳兵示周也）周定王使王孫滿勞楚王（服虔曰以郊勞禮迎之也）楚王問鼎小大輕重（杜預曰示欲偪周取天下）對曰在德不在鼎莊王曰子無阻九鼎楚國折鉤之喙足以為九鼎王孫滿曰嗚呼君王其忘之乎昔虞夏之盛遠方皆至貢金九牧（服虔曰使九州之牧）

貢金鑄鼎象物賈逵曰象所圖物著之於鼎百物而爲之備使民知神姦杜預曰圖鬼神百物之形使民逆備之也桀有亂德鼎遷於殷載祀六百賈逵曰載辭也祀年也商曰祀王肅曰載祀者猶言年也殷紂暴虐鼎遷於周德之休明雖小必重杜預曰不可遷其姦回昏亂雖大必輕杜預曰言可移昔成王定鼎于郟鄏杜預曰郟鄏今河南也河南縣西有郟鄏陌武王遷之成王定之卜世三十卜年七百天所命也周德雖衰天命未改鼎之輕重未可問也楚王乃歸九年相若敖氏左傳曰子越椒人或讒之王恐誅反攻王王擊

滅若敖氏之族十三年滅舒杜預曰盧江六縣東有舒城也十
六年伐陳殺夏徵舒徵舒弒其君故誅之
也已破陳即縣之羣臣皆賀申叔時使齊
來不賀王問對曰鄙語曰牽牛徑人田田
主取其牛徑者則不直矣取之牛不亦甚
乎且王以陳之亂而率諸侯伐之以義伐
之而貪其縣亦何以復令於天下莊王乃
復國陳後十七年春楚莊王圍鄭三月克
之入自皇門賈逵曰鄭城門何休曰郭門也鄭伯肉袒牽羊

以逆賈逵曰肉袒牽羊示服爲臣隷也曰孤不天不能事君君用懷怒以及敝邑孤之罪也敢不唯命是聽賓之南海若以臣妾賜諸侯亦唯命是聽若君不忘厲宣桓武杜預曰周厲王宣王鄭之所自出也鄭武公桓公始封之賢君也不絕其社稷使改事君孤之願也非所敢望也敢布腹心楚羣臣曰王勿許莊王曰其君能下人必能信用其民庸可絕乎莊王自手旗左右麾軍引兵去三十里而舍遂許之平杜預曰退一舍而禮鄭潘尫入盟子良

出質潘尪楚大夫子良鄭伯弟夏六月晉救鄭與楚戰大敗晉師河上遂至衡雍而歸二十年圍宋以殺楚使也圍宋五月城中食盡易子而食析骨而炊宋華元出告以情莊王曰君子哉遂罷兵去二十三年莊王卒子共王審立共王十六年晉伐鄭鄭告急共王救鄭與晉兵戰鄢陵晉敗楚射中共王目共王召將軍子反子反嗜酒從者豎陽穀進酒醉王怒射殺子反遂罷兵歸三十一年

共王卒子康王招立康王立十五年卒子員立是爲郟敖康王寵弟公子圍徐廣曰史記多作回子比子皙棄疾郟敖三年以其季父康王弟公子圍爲令尹主兵事四年圍使鄭道聞王疾而還十二月己酉圍入問王疾絞而弑之荀卿曰以冠纓絞之左傳曰葬王于郟謂之郟敖遂殺其子莫及平夏使使赴於鄭伍舉問曰誰爲後服虔曰問來赴者對曰寡大夫圍伍舉更曰共王之子圍爲長杜預曰伍舉更赴辭使從禮告終稱嗣不以篡弑赴諸侯子比奔晉而

圍立是爲靈王靈王三年六月楚使使告晉欲會諸侯諸侯皆會楚子申伍舉曰昔夏啓有鈞臺之饗（杜預曰河南陽翟縣南有鈞臺陂）商湯有景亳之命周武王有盟津之誓成王有岐陽之蒐（賈逵曰岐山之陽）康王有豐宮之朝（服虔曰豐宮成王廟所在也杜預曰豐在始平鄠縣東有靈臺康王於是朝諸侯）穆王有塗山之會齊桓有召陵之師晉文有踐土之盟君其何用靈王曰用桓公（杜預曰用會召陵之禮也）時鄭子產在焉於是晉宋魯衛不往靈王已盟有驕色伍舉

曰桀爲有仍之會有緡叛之（賈逵曰仍緡國名也）紂爲黎山之會東夷叛之（服虔曰黎東夷國名也子姓）幽王爲太室之盟戎翟叛之（杜預曰太室中嶽也）君其慎終七月楚以諸侯兵伐吴圍朱方八月克之囚慶封滅其族以封徇曰無效齊慶封弒其君而弱其孤以盟諸大夫（杜預曰齊崔杼弒其君慶封其黨故以弒君罪責之也）封反曰莫如楚共王庶子圍弒其君兄之子員而代之立（穀梁傳曰軍人粲然皆笑）於是靈王使棄疾殺之七年就章華臺（杜預曰南郡華容縣有臺在城內）下令

內亡人寶之八年使公子棄疾將兵滅陳十年召蔡侯醉而殺之使棄疾定蔡因爲陳蔡公十一年伐徐以恐吳（左傳曰使蕩侯等圍徐）靈王次於乾谿以待之王曰齊晉魯衛其封皆受寶器我獨不令吾使使周求鼎以爲分其予我乎（服虔曰有功德受分器）析父對曰其予君王哉（賈逵曰析父楚大夫）昔我先王熊繹辟在荆山蓽露藍蔞（徐廣曰蓽一作暴駰案服虔曰蓽露柴車素木輅也藍蔞言衣敝壞其蔞藍藍然也）以處草莽跋涉山林（服虔曰草行曰跋水行曰涉）以事天子唯是

桃弧棘矢以共王事服虔曰桃弧棘矢所以禦其災言楚地山林無所出也齊王舅也服虔曰齊呂伋成王之舅晉及魯衛王母弟也楚是以無分而彼皆有周今與四國服事君王將唯命是從豈敢愛鼎靈王曰昔我皇祖伯父昆吾舊許是宅服虔曰陸終氏六子長曰昆吾少曰季連季連楚之祖故謂昆吾為伯父也昆吾曾居許地故曰舊許是宅今鄭人貪其田不我予今我求之其予我乎對曰周不愛鼎鄭安敢愛田靈王曰昔諸侯遠我而畏晉今吾大城陳蔡不羮韋昭曰三國楚別都也潁川定陵有東不羮襄城有西不羮

賦皆千乘諸侯畏我乎對曰畏哉靈王喜曰析父善言古事焉十二年春楚靈王樂乾谿不能去也國人苦役初靈王會兵於申僇越大夫常壽過殺蔡大夫觀起起子從亡在吳乃勸吳王伐楚爲間越大夫常壽過而作亂爲吳間使矯公子棄疾命召公子比於晉至蔡與吳越兵欲襲蔡令公子比見棄疾與盟於鄧（杜預曰潁川邵陵縣西有鄧城）遂入殺靈王太子祿立子比爲王公子子晳爲令

尹棄疾爲司馬先除王宮觀從從師于乾谿令楚衆曰國有王矣先歸復爵邑田室後者遷之楚衆皆潰去靈王而歸靈王聞太子祿之死也自投車下而曰人之愛子亦如是乎侍者曰甚是王曰余殺人之子多矣能無及此乎右尹曰（左傳曰右尹子革）請待於郊以聽國人（服虔曰聽國人欲爲誰）王曰衆怒不可犯曰且入大縣而乞師於諸侯王曰皆叛矣又曰且奔諸侯以聽大國之慮王曰大福不

再祇取辱耳於是王乘舟將欲入鄢服虔曰鄢楚別都也杜預曰襄陽宜城縣右尹度王不用其計懼俱死亦去王亡靈王於是獨彷徨山中野人莫敢入王行遇其故鋗人韋昭曰今之中涓謂曰爲我求食我已不食三日矣鋗人曰新王下法有敢饟王從王者罪及三族且又無所得食王因枕其股而臥鋗人又以土自代逃去王覺而弗見遂飢不能起芋尹申無宇之子申亥曰吾父再犯王命服虔曰斷王旌執人於章華之宮

王弗誅恩孰大焉乃求王遇王飢於釐澤奉之以歸夏五月癸丑王死申亥家申亥以二女從死并葬之是時楚國雖已立比爲王畏靈王復來又不聞靈王死故觀從謂初王比曰不殺棄疾雖得國猶受禍王曰余不忍從曰人將忍王王不聽乃去棄疾歸國人每夜驚曰靈王入矣乙卯夜棄疾使船人從江上走呼曰靈王至矣國人愈驚又使曼成然告初王比及令尹子皙

曰王至矣國人將殺君司馬將至矣杜預曰司馬謂棄疾君蚤自圖無取辱焉衆怒如水火不可救也初王及子皙遂自殺丙辰棄疾即位爲王改名熊居是爲平王平王以詐弒兩王而自立恐國人及諸侯叛之乃施惠百姓復陳蔡之地而立其後如故歸鄭之侵地存恤國中修政教吳以楚亂故獲五率以歸服虔曰五率蕩侯潘子司馬督囂尹午陵尹喜平王謂觀從恣爾所欲欲爲卜尹王許之賈逵曰卜尹卜師大夫官初共王

有寵子五人無適立乃望祭羣神請神決之使主社稷而陰與巴姬（賈逵曰共王妾）埋璧於室内召五子齋而入康王跨之（服虔曰兩足各跨璧一邊杜預曰過其上）靈王肘加之子比子晳皆遠之平王幼抱而入再拜壓紐故康王以長立至其子失之圍爲靈王及身而弑子比爲王十餘日子晳不得立又俱誅四子皆絶無後唯獨棄疾後立爲平王竟續楚祀如其神符初子比自晉歸韓宣子問叔向曰子比其

濟乎對曰不就宣子曰同惡相求如市賈焉（服虔曰謂國人共惡靈王者如市賈之人求利也）何爲不就對曰無與同好誰與同惡（服虔曰言無黨於内當與誰共同好惡）取國有五難有寵無人一也（杜預曰寵須賢人而固）有人無主二也（杜預曰雖有賢人當須内主爲應）有主無謀三也（杜預曰謀策謀也）有謀而無民四也（杜預曰民衆也）有民而無德五也（杜預曰四者既備當以德成之）子比在晋十三年矣晋楚之從不聞通者可謂無人矣（杜預曰晋楚之士從子比游皆非達人）族盡親叛可謂無主矣（杜預曰無親族在楚）無釁而動可謂無

謀矣服虔曰言靈王尚在而妄動取國故謂無謀爲羈終世可謂無民矣杜預曰終身羈客在於晉是無民亡無愛徵可謂無德矣杜預曰楚人無愛念者王虐而不忌杜預曰靈王暴虐無所畏忌將自亡子比涉五難以弒君誰能濟之有楚國者其棄疾乎君陳蔡方城外屬焉苛慝不作盜賊伏隱私欲不違服虔曰不以私欲違民心民無怨心先神命之國民信之芈姓有亂必季實立楚之常也子比之官則右尹也數其貴寵則庶子也以神所命則又遠之民無懷焉將何以立

宣子曰齊桓晉文不亦是乎服虔曰皆庶子而出奔對曰齊桓衛姬之子也有寵於釐公有鮑叔牙賓須無隰朋以爲輔有莒衛以爲外主賈逵曰齊桓出奔莒自莒先入衛人助之有高國以爲內主服虔曰國子高子皆齊之正卿從善如流服虔曰言其疾施惠不倦有國不亦宜乎昔我文公狐季姬之子也有寵於獻公好學不倦生十七年有士五人有先大夫子餘子犯以爲腹心賈逵曰子餘趙衰有魏犨賈佗以爲股肱有齊宋秦楚以爲外主賈逵

曰齊以女妻之宋贈之馬楚享以九獻秦送内之有欒郤狐先以爲内主賈逵曰四姓晋大夫二十九年守志彌篤惠懷棄民服虔曰皆棄民不恤民從而與之故文公有國不亦宜乎子比無施於民無援於外去晋晋不送歸楚楚不迎何以有國子比果不終焉卒立者棄疾如叔向言也平王二年使費無忌如秦服虔曰楚大夫爲太子建娶婦婦好來未至無忌先歸說平王曰秦女好可自娶爲太子更求平王聽之卒自娶秦女生熊珍更爲

太子娶是時伍奢爲太子太傅無忌爲少傅無忌無寵於太子常讒惡太子建建時年十五矣其母蔡女也無寵於王王稍益疏外建也六年使太子建居城父守邊（服虔曰城父楚北境邑杜預曰襄城城父縣）無忌又日夜讒太子建於王曰自無忌入秦女太子怨亦不能無望於王王少自備焉且太子居城父擅兵外交諸侯且欲入矣平王召其傅伍奢責之伍奢知無忌讒乃曰王奈何以小臣疏骨

內無忌曰今不制後悔也於是王遂囚伍
奢而召其二子而告以免父死乃令司馬
奮揚召太子建欲誅之太子聞之亡奔宋
無忌曰伍奢有二子不殺者爲楚國患盍
以免其父召之必至於是王使使謂奢能
致二子則生不能將死奢曰尚至胥不至
王曰何也奢曰尚之爲人廉死節慈孝而
仁聞召而免父必至不顧其死胥之爲人
智而好謀勇而矜功知來必死必不來然

爲楚國憂者必此子於是王使人召之曰
來吾免爾父伍尚謂伍胥曰聞父免而莫
奔不孝也父戮莫報無謀也度能任事智
也子其行矣我其歸死伍尚遂歸伍胥彎
弓屬矢出見使者曰父有罪何以召其子
爲將射使者還走遂出奔吳伍胥聞之曰
胥亡楚國危哉楚人遂殺伍奢及尚十年
楚太子建母在居巢開吳吳使公子光伐
楚遂敗陳蔡取太子建母而去楚恐城郢

初吳之邊邑卑梁與楚邊邑鍾離小童爭桑兩家交怒相攻滅卑梁人卑梁大夫怒發邑兵攻鍾離楚王聞之怒發國兵滅卑梁吳王聞之大怒亦發兵使公子光因建母家攻楚遂滅鍾離居巢楚乃恐而城郢十三年平王卒將軍子常曰太子珍少且其母乃前太子建所當娶也欲立令尹子西子西平王之庶弟也有義子西曰國有常法更立則亂言之則致誅乃立太子珍是為

昭王昭王元年楚衆不說費無忌以其讒亡太子建殺伍奢子父與郤宛宛之宗姓伯氏子嚭及子胥皆奔吳吳兵數侵楚楚人怨無忌甚楚令尹子常誅無忌以說衆衆乃喜四年吳三公子昭三十年二公子奔楚公子掩餘奔徐公子燭庸奔鍾離此言三公子非奔楚楚封之以扞吳五年吳伐取楚之六潛七年楚使子常伐吳吳大敗楚於豫章十年冬吳王闔閭伍子胥伯嚭與唐蔡俱伐楚楚大敗吳兵遂入郢辱平王

之墓以伍子胥故也吳兵之來楚使子常以兵迎之夾漢水陣吳伐敗子常子常亡奔鄭楚兵走吳乘勝逐之五戰及郢已卯昭王出奔庚辰吳人入郢春秋云十一月庚辰昭王亡也至雲夢雲夢不知其王也射傷王王走鄖鄖公之弟懷曰平王殺吾父服虔曰父曼成然今我殺其子不亦可乎鄖公止之然恐其弒昭王乃與王出奔隨吳王聞昭王往即進擊隨謂隨人曰周之子孫封於江漢之間

者楚盡滅之欲殺昭王王從臣子綦乃深匿王自以爲王謂隨人曰以我予吳隨人卜予吳不吉乃謝吳王曰昭王亡不在隨吳請入自索之隨不聽吳亦罷去昭王之出郢也使申鮑胥（服虔曰楚大夫王孫包胥）請救於秦秦以車五百乘救楚楚亦收餘散兵與秦擊吳十一年六月敗吳於稷（賈逵曰楚地也）會吳王弟夫概見吳王兵傷敗乃亡歸自立爲王闔閭聞之引兵去楚歸擊夫概夫概敗奔楚

楚封之堂谿號爲堂谿氏楚昭王滅唐杜預曰義陽安昌縣東南上唐鄉九月歸入郢十二年吳復伐楚取番楚恐去郢北徙都鄀十六年孔子相魯二十年楚滅頓地理志曰汝南頓縣故頓子國滅胡杜預曰汝陰縣西北胡城二十一年吳王闔閭伐越越王句踐射傷吳王遂死吳由此怨越而不西伐楚二十七年春吳伐陳楚昭王救之軍城父十月昭王病於軍中有赤雲如鳥夾日而蜚杜預曰雲在楚上唯楚見之昭王問周太史太史曰是害於

楚王然可移於將相將相聞是言乃請自以身禱於神昭王曰將相孤之股肱也今移禍庸去是身乎弗聽卜而河為祟大夫請禱河昭王曰自吾先王受封望不過江漢服虔曰謂所受王命祀其國中山川為望而河非所獲罪也止不許孔子在陳聞是言曰楚昭王通大道矣其不失國宜哉昭王病甚乃召諸公子大夫曰孤不佞再辱楚國之師今乃得以天壽終孤之幸也讓其弟公子申為王不可

又讓次弟公子結亦不可乃又讓次弟公子閭五讓乃後許爲王將戰庚寅昭王卒於軍中子閭曰王病甚舍其子讓羣臣所以許王以廣王意也今君王卒臣豈敢忘君王之意乎乃與子西子綦謀伏師閉塗（徐廣曰一作壁）迎越女之子章立之（服虔曰閉塗不通外使也越女昭王之妾）是爲惠王然後罷兵歸葬昭王惠王二年子西召故平王太子建之子勝於吳以爲巢大夫號曰白公（徐廣曰伍子胥傳曰使勝守楚之邊邑鄢駰案服虔曰白

邑名楚邑大夫皆稱公杜預曰汝陰褒信縣西南有白亭白公好兵而下士欲報仇六年白公請兵令尹子西伐鄭初白公父建亡在鄭鄭殺之白公亡走吳子西復召之故以此怨鄭欲伐之子西許而未爲發兵八年晉伐鄭鄭告急楚楚使子西救鄭受賂而去白公勝怒乃遂與勇力死士石乞等襲殺令尹子西子綦於朝因劫惠王置之高府賈逵曰高府府名也杜預曰楚別府欲弒之惠王從者屈固負王亡走昭王夫人宮服虔曰昭王夫人惠

王母越女也白公自立為王月餘會葉公來救楚

楚惠王之徒與共攻白公殺之惠王乃復

位是歲也徐廣曰惠王之十年滅陳而縣之十三年吳

王夫差彊陵齊晉來伐楚十六年越滅吳

四十二年楚滅蔡四十四年楚滅杞與秦

平是時越已滅吳而不能正江淮北楚東

侵廣地至泗上五十七年惠王卒子簡王

中立簡王元年北伐滅莒八年魏文侯韓

武子趙桓子始列為諸侯二十四年簡王

卒子聲王當立聲王六年盜殺聲王子悼
王熊疑立悼王二年三晉來伐楚至乘丘
而還徐廣曰年表三年歸楡關于鄭四年楚伐周鄭殺子陽
九年伐韓取負黍十一年三晉伐楚敗我
大梁楡關楚厚賂秦與之平二十一年悼
王卒子肅王臧立肅王四年蜀伐楚取茲
方於是楚爲扞關以距之李熊說公孫述曰東守巴郡距扞關之口
十年魏取我魯陽地理志云南陽有魯陽縣十一年肅王卒
無子立其弟熊良夫是爲宣王宣王六年

周天子賀秦獻公秦始復強而三晉益大
魏惠王齊威王尤彊三十年秦封衛鞅於
商南侵楚是年宣王卒子威王熊商立威
王六年周顯王致文武胙於秦惠王七年
齊孟嘗君父田嬰欺楚楚威王伐齊敗之
於徐州徐廣曰時楚已滅越而伐齊也齊詭越令攻楚故云齊欺楚而令齊必逐
田嬰田嬰恐張丑僞謂楚王曰王所以戰
勝於徐州者田盼子不用也盼子者有功
於國而百姓爲之用嬰子弗善而用申紀申紀

者大臣不附百姓不爲用故王勝之也今王逐嬰子嬰子逐盼子必用矣復摶其士卒以與王遇必不便於王矣楚王因弗逐也十一年威王卒子懷王熊槐立魏聞楚喪伐楚取我陘山懷王元年張儀始相秦惠王四年秦惠王初稱王六年楚使柱國昭陽將兵而攻魏破之於襄陵得八邑又移兵而攻齊齊王患之徐廣曰懷王六年昭陽移和而攻齊軍門曰和陳軫適爲秦使齊齊王曰爲之柰何陳軫曰

王勿憂請令罷之即往見昭陽軍中曰願
聞楚國之法破軍殺將者何以貴之昭陽
曰其官爲上柱國封上爵執珪陳軫曰其
有貴於此者乎昭陽曰令尹陳軫曰令君
已爲令尹矣此國冠之上臣請得譬之人
有遺其舍人一巵酒者舍人相謂曰數人
飲此不足以徧請遂畫地爲蛇蛇先成者
獨飲之一人曰吾蛇先成舉酒而起曰吾
能爲之足及其爲之足而後成人奪之酒

而飲之曰蛇固無足今爲之足是非蛇也今君相楚而攻魏破軍殺將功莫大焉冠之上不可以加矣今又移兵而攻齊攻齊勝之官爵不加於此攻之不勝身死爵奪有毀於楚此爲蛇爲足之說也不若引兵而去以德齊此持滿之術也昭陽曰善引兵而去燕韓君初稱王秦使張儀與楚齊魏相會盟齧桑十一年蘇秦約從山東六國共攻秦楚懷王爲從長至函谷關秦出

兵擊六國六國兵皆引而歸齊獨後十二年齊湣王伐敗趙魏軍秦亦伐敗韓與齊爭長十六年秦欲伐齊而楚與齊從親秦惠王患之乃宣言張儀免相使張儀南見楚王謂楚王曰敝邑之王所甚說者無先大王雖儀之所甚願爲門闌之廝者亦無先大王敝邑之王所甚憎者無先齊王雖儀之所甚憎者亦無先齊王而大王和之是以敝邑之王不得事王而令儀亦不得爲

門闌之厮也王爲儀閉關而絶齊今使使
者從儀西取故秦所分楚商於之地方六
百里商於之地在今順陽郡南鄉丹水二縣有商城在於中故謂之商於如是則齊弱
矣是北弱齊西德於秦私商於以爲富此
一計而三利俱至也懷王大悅乃置相璽
於張儀日與置酒宣言吾復得吾商於之
地羣臣皆賀而陳軫獨弔懷王曰何故陳
軫對曰秦之所爲重王者以王之有齊也
今地未可得而齊交先絶是楚孤也夫秦

又何重孤國哉必輕楚矣且先出地而後絶齊則秦計不爲先絶齊而後責地則必見欺於張儀見欺於張儀則王必怨之怨之是西起秦患北絶齊交西起秦患北絶齊交則兩國之兵必至臣故弔楚王弗聽因使一將軍西受封地張儀至秦詳醉墜車稱病不出三月地不可得楚王曰儀以吾絶齊爲尚薄邪乃使勇士宋遺北辱齊王齊王大怒折楚符而合於秦秦齊交合

張儀乃起朝謂楚將軍曰子何不受地從其至某某廣袤六里楚將軍曰臣之所以見命者六百里不聞六里即以歸報懷王懷王大怒興師將伐秦陳軫又曰伐秦非計也不如因賂之一名都與之伐齊是我亡於秦取償於齊也吾國尚可全今王已絕於齊而責欺於秦是吾合秦齊之交而來天下之兵也國必大傷矣楚王不聽遂絕和於秦發兵西攻秦秦亦發兵擊之十七

年春與秦戰丹陽秦大敗我軍斬甲士八萬虜我大將軍屈匄裨將軍逢侯丑等七十餘人遂取漢中之郡楚懷王大怒乃悉國兵復襲秦戰於藍田大敗楚軍韓魏聞楚之困乃南襲楚至於鄧楚聞乃引兵歸十八年秦使使約復與楚親分漢中之半以和楚楚王曰願得張儀不願得地張儀聞之請之楚秦王曰楚且甘心於子柰何張儀曰臣善其左右靳尚靳尚又能得事

於楚王幸姬鄭袖袖所言無不從者且儀
以前使負楚以商於之約今秦楚大戰有
惡臣非面自謝楚不解且大王在楚不宜
敢取儀誠殺儀以便國臣之願也儀遂使
楚至懷王不見因而囚張儀欲殺之儀私
於靳尚靳尚爲請懷王曰拘張儀秦王必
怒天下見楚無秦必輕王矣又謂夫人鄭
袖曰秦王甚愛張儀而王欲殺之今將以
上庸之地六縣賂楚以美人聘楚王以宮

中善歌者爲之媵楚王重地秦女必貴而
夫人必斥矣夫人不若言而出之鄭袖卒
言張儀於王而出之儀出懷王因善遇儀
儀因說楚王以叛從約而與秦合親約婚
姻張儀已去屈原使從齊來諫王曰何不
誅張儀懷王悔使人追儀弗及是歲秦惠
王卒二十年齊湣王欲爲從長惡楚之與
秦合乃使使遺楚王書曰寡人患楚之不
察於尊名也今秦惠王死武王立張儀走

魏樗里疾公孫衍用而楚事秦夫樗里疾善乎韓而公孫衍善乎魏楚必事秦韓魏恐必因二人求合於秦則燕趙亦宜事秦四國爭事秦則楚爲郡縣矣王何不與寡人并力收韓魏燕趙與爲從而尊周室以案兵息民令於天下莫敢不樂聽則王名成矣王率諸侯並伐破秦必矣王取武關蜀漢之地私吳越之富而擅江海之利韓魏割上黨西薄函谷則楚之強百萬也且

王欺於張儀亡地漢中兵銼藍田天下莫不代王懷怒今乃欲先事秦願大王孰計之楚王業已欲和於秦見齊王書猶豫不决下其議羣臣羣臣或言和秦或言聽齊昭睢曰王雖東取地於越不足以刷恥必且取地於秦而后足以刷恥於諸侯王不如深善齊韓以重樗里疾如是則王得齊韓之重以求地矣秦破韓宜陽而韓猶復事秦者以先王墓在平陽而秦之武遂去

之七十里以故尤畏秦不然秦攻三川趙
攻上黨楚攻河外韓必亡楚之救韓不能
使韓不亡然存韓者楚也韓巳得武遂於
秦以河山爲塞所報德莫如楚厚臣以爲
其事王必疾齊之所信於韓者以韓公子
眛爲齊相也韓巳得武遂於秦王甚善之
使之以齊韓重樗里疾疾得齊韓之重其
主弗敢棄疾也今又益之以楚之重樗里
子必言秦復與楚之侵地矣於是懷王許

之音不合秦而合齊以善韓徐廣曰懷王之二十二年秦拔宜陽取武遂二十三年秦復歸韓武遂然則已非二十年事矣二十四年倍齊而合秦秦昭王初立乃厚賂於楚楚往迎婦二十五年懷王入與秦昭王盟約於黃棘秦復與楚上庸二十六年齊韓魏爲楚負其從親而合於秦三國共伐楚楚使太子入質於秦而請救秦乃遣客卿通將兵救楚三國引兵去二十七年秦大夫有私與楚太子鬬楚太子殺之而亡歸二十八年秦乃

與齊韓魏共攻楚殺楚將唐昧取我重丘
而去二十九年秦復攻楚大破楚楚軍死
者二萬殺我將軍景缺懷王恐乃使太子
為質於齊以求平三十年秦復伐楚取八
城秦昭王遺楚王書曰始寡人與王約為
弟兄盟于黃棘太子為質至驩也太子陵
殺寡人之重臣不謝而亡去寡人誠不勝
怒使兵侵君王之邊今聞君王乃令太子
質於齊以求平寡人與楚接境壤界故為

婚姻所從相親久矣而今秦楚不驩則無以令諸侯寡人願與君王會武關面相約結盟而去寡人之願也敢以聞下執事楚懷王見秦王書患之欲往恐見欺無往恐秦怒昭睢曰王毋行而發兵自守耳秦虎狼不可信有并諸侯之心懷王子子蘭勸王行曰柰何絶秦之驩心於是往會秦昭王昭王詐令一將軍伏兵武關號爲秦王楚王至則閉武關遂與西至咸陽朝章臺

如蕃臣不與亢禮楚懷王大怒悔不用昭子言秦因留楚王要以割巫黔中之郡楚王欲盟秦欲先得地楚王怒曰秦詐我而又彊要我以地不復許秦秦因留之楚大臣患之乃相與謀曰吾王在秦不得還要以割地而太子爲質於齊齊秦合謀則楚無國矣乃欲立懷王子在國者昭睢曰王與太子俱困於諸侯而今又倍王命而立其庶子不宜乃詐赴於齊齊湣王謂其相

曰不若留太子以求楚之淮北相曰不可郢中立王是吾抱空質而行不義於天下也或曰不然郢中立王因與其新王市曰予我下東國吾爲王殺太子不然將與三國共立之然則東國必可得矣齊王卒用其相計而歸楚太子太子橫至立爲王是爲頃襄王乃告于秦曰賴社稷神靈國有王矣頃襄王橫元年秦要懷王不可得地楚立王以應秦秦昭王怒發兵出武關攻

楚大敗楚軍斬首五萬取析十五城而去徐廣曰年表云取十六城既取析又并取左右十五城也駰案地理志弘農有析縣二年楚懷王亡逃歸秦覺之遮楚道懷王恐乃從閒道走趙以求歸趙主父在代其子惠王初立行王事恐不敢入楚王楚王欲走魏秦追至遂與秦使復之秦懷王遂發病頃襄王三年懷王卒于秦秦歸其喪於楚楚人皆憐之如悲親戚諸侯由是不直秦秦楚絕六年秦使白起伐韓於伊闕大勝斬首

二十四萬秦乃遺楚王書曰楚倍秦秦且
率諸侯伐楚爭一旦之命願王之飭士卒
得一樂戰楚頃襄王患之乃謀復與秦平
七年楚迎婦於秦秦楚復平十一年齊秦
各自稱爲帝月餘復歸帝爲王十四年楚
頃襄王與秦昭王好會于宛結和親十五
年楚王與秦三晉燕共伐齊取淮北十六
年與秦昭王好會於鄢其秋復與秦王會
穰十八年楚人有好以弱弓微繳加歸鴈

之上者頃襄王聞召而問之對曰小臣之好射鶀鴈羅鸗徐廣曰呂靜曰鸗野鳥也音龍小矢之發也何足爲大王道也且稱楚之大因大王之賢所弋非直此也昔者三王以弋道德五霸以弋戰國故秦魏燕趙者鶀鴈也齊魯韓衞者青首也鄒費郯邳者羅鸗也外其餘則不足射者見鳥六雙以王何取王何不以聖人爲弓以勇士爲繳時張而射之此六雙者可得而囊載也其樂非特朝夕

之樂也其獲非特鳧鴈之實也王朝張弓而射魏之大梁之南加其右臂而徑屬之於韓則中國之路絕而上蔡之郡壞矣還射圉之東解魏左肘而外擊定陶則魏之東外棄而大宋方與二郡者舉矣且魏斷二臂顛越矣膺擊郯國大梁可得而有也王綪繳蘭臺（徐廣曰綪縈也音爭蘭一作簡）飲馬西河定魏大梁此一發之樂也若王之於弋誠好而不厭則出寶弓碆新繳（徐廣曰以石傅弋繳曰碆碆音波）射蜀

鳥於東海還蓋長城以爲防（徐廣曰還一作獨還音宦蓋一作益）

（益縣在樂安蓋縣在泰山濟北盧縣有長城東至海也）朝射東莒夕發浿丘（徐廣曰在清河）夜加即墨顧據午道則長城之東收而太山之北舉矣西結境於趙而北達於燕三國布䎃（徐廣曰音翅一作翮）則從不待約而可成也北遊目於燕之遼東而南登望於越之會稽此再發之樂也若夫泗上十二諸侯左縈而右拂之可一旦而盡也今秦破韓以爲長憂得列城而不敢守也伐魏而

無功擊趙顧病則秦魏之勇力屈矣楚之
故地漢中析酈可得而復有也王出寶弓
碆新繳涉冥塞徐廣曰或以爲冥今江夏一作黽而待秦之
倦也山東河內可得而一也勞民休衆南
面稱王矣故曰秦爲大鳥負海內而處東
面而立左臂據趙之西南右臂傅楚鄢郢
膺擊韓魏垂頭中國處既形便勢有地利
奮翼鼓翅方三千里則秦未可得獨招而
夜射也欲以激怒襄王故對以此言襄王

因召與語遂言曰夫先王爲秦所欺而客死於外怨莫大焉今以匹夫有怨尚有報萬乘白公子胥是也今楚之地方五千里帶甲百萬猶足以踊躍中野也而坐受困臣竊爲大王弗取也於是頃襄王遣使於諸侯復爲從欲以伐秦秦聞之發兵來伐楚楚欲與齊韓連和伐秦因欲圖周周王赧使武公（徐廣曰定王之曾孫而西周惠公之子）謂楚相昭子曰三國以兵割周郊地以便輸而南器以尊

楚臣以爲不然夫弒共主臣世君大國不親以衆脅寡小國不附大國不親小國不附不可以致名實名實不得不足以傷民夫有圖周之聲非所以爲號也昭子曰乃圖周則無之雖然周何故不可圖也對曰軍不五不攻城不十不圍夫一周爲二十晉公之所知也韓嘗以二十萬之衆辱於晉之城下銳士死中士傷而晉不拔公之無百韓以圖周此天下之所知也夫怨結

於兩周以塞鄒魯之心交絕於齊聲失天下其爲事危矣夫危兩周以厚三川方城之外必爲韓弱矣何以知其然也西周之地絕長補短不過百里名爲天下共主裂其地不足以肥國得其衆不足以勁兵雖無攻之名爲弒君然而好事之君喜攻之臣發號用兵未嘗不以周爲終始是何也見祭器在焉欲器之至而忘弒君之亂今韓以器之在楚臣恐天下以器讎楚也臣

請譬之夫虎肉臊其兵利身人猶攻之也若使澤中之麋蒙虎之皮人之攻之必萬之於虎裂楚之地足以肥國詘楚之名足以尊主今子將以欲誅殘天下之共主居三代之傳器吞三翮六翼以高世主非貪而何周書曰欲起無先故器南則兵至矣於是楚計輟不行十九年秦伐楚楚軍敗割上庸漢北地予秦二十年秦將白起拔我西陵徐廣曰屬江夏二十一年秦將白起遂拔我郢

燒先王墓夷陵徐廣曰年表云拔郢燒夷陵楚襄王兵散遂不復戰東北保於陳城二十二年秦復拔我巫黔中郡二十三年襄王乃收東地兵得十餘萬復西取秦所拔我江旁十五邑以爲郡距秦二十七年使三萬人助三晉伐燕復與秦平而入太子爲質於秦楚使左徒侍太子於秦三十六年頃襄王病太子亡歸秋頃襄王卒太子熊元代立是爲考烈王考烈王以左徒爲令尹封以吳

號春申君考烈王元年納州于秦以平徐廣曰南郡有州陵縣是時楚益弱六年秦圍邯鄲趙告急楚楚遣將軍景陽救趙七年至新中秦兵去徐廣曰年表云六年春申君救趙十年徙於鉅陽十二年秦昭王卒楚王使春申君弔祠于秦十六年秦莊襄王卒秦王趙政立二十二年與諸侯共伐秦不利而去楚東徙都壽春命曰郢二十五年考烈王卒子幽王悍立李園殺春申君幽王三年秦魏伐楚秦相呂不韋卒

九年秦滅韓十年幽王卒同母弟猶代立
是爲哀王哀王立二月餘哀王庶兄負芻
之徒襲殺哀王而立負芻爲王是歲秦虜
趙王遷王負芻元年燕太子丹使荆軻刺
秦王二年秦使將軍伐楚大破楚軍亡十
餘城三年秦滅魏四年秦將王翦破我軍
於蘄而殺將軍項燕五年秦將王翦蒙武
遂破楚國虜楚王負芻滅楚名爲楚郡云
孫檢曰秦虜楚王負芻滅
去楚名以楚地爲秦郡

太史公曰楚靈王方會諸侯於申誅齊慶
封作章華臺求周九鼎之時志小天下及
餓死于申亥之家爲天下笑操行之不得
悲夫勢之於人也可不愼與棄疾以亂立
嬖淫秦女甚乎哉幾再亡國

楚世家第十

陳涉世家第十八　史記四十八

陳勝者陽城人也字涉吳廣者陽夏人也字叔陳涉少時嘗與人傭耕輟耕之壟上悵恨久之曰可富貴無相忘傭者笑而應曰若為傭耕何富貴也陳涉太息曰嗟乎燕雀安知鴻鵠之志哉二世元年七月發閭左適戍漁陽九百人屯大澤鄉徐廣曰在沛郡蘄縣陳勝吳廣皆次當行為屯長會天大雨道不通度已失期失期法皆斬陳勝吳廣乃

謂曰今亡亦死舉大計亦死等死死國可乎陳勝曰天下苦秦久矣吾聞二世少子也不當立當立者乃公子扶蘇扶蘇以數諫故上使外將兵今或聞無罪二世殺之百姓多聞其賢未知其死也項燕爲楚將數有功愛士卒楚人憐之或以爲死或以爲亡今誠以吾衆詐自稱公子扶蘇項燕爲天下唱宜多應者吳廣以爲然乃行卜卜者知其指意曰足下事皆成有功然足

下卜之鬼乎蘇林曰狐鳴祠中則是也瓚曰假託鬼神以威衆也故勝廣曰此教我威衆也陳勝吳廣喜念鬼曰此教我先威衆耳乃丹書帛曰陳勝王置人所罾魚腹中漢書音義曰罾音曾文穎曰罾魚網也卒買魚烹食得魚腹中書固以怪之矣又閒令吳廣之次近所旁叢祠中張晏曰戍人所止處也叢鬼所憑焉夜篝火徐廣曰或作帶也篝者籠也音溝狐鳴呼曰大楚興陳勝王卒皆夜驚恐旦日卒中往往語皆指目陳勝吳廣素愛人士卒多爲用者將尉醉廣故數言

欲亡忿恚尉令辱之以激怒其衆尉果笞廣尉劒挺徐廣曰挺猶脫也廣起奪而殺尉陳勝佐之并殺兩尉召令徒屬曰公等遇雨皆已失期失期當斬藉弟令毋斬服虔曰藉假也弟次弟也應劭曰藉吏士名藉也今失期當斬就使藉弟幸得不斬戍死者固十六七此激怒其衆也蘇林曰弟且也而戍死者固十六七且壯士不死即已死即舉大名耳王侯將相寧有種乎徒屬皆曰敬受命乃詐稱公子扶蘇項燕從民欲也袒右稱大楚爲壇而盟祭以尉首陳

勝自立爲將軍吳廣爲都尉攻大澤鄉收而攻蘄蘄下乃令符離人葛嬰將兵徇蘄以東攻銍酇苦柘譙皆下之（徐廣曰苦柘屬陳餘皆在沛也）行收兵比至陳車六七百乘騎千餘卒數萬人攻陳陳守令皆不在獨守丞與戰譙門中弗勝守丞死乃入據陳數日號令召三老豪傑皆來會計事三老豪傑皆曰將軍身被堅執銳伐無道誅暴秦復立楚國之社稷功宜爲王陳涉乃立爲王號

為張楚當此時諸郡縣苦秦吏者皆刑其長吏殺之以應陳涉乃以吳叔為假王監諸將以西擊滎陽令陳人武臣張耳陳餘徇趙地令汝陰人鄧宗徇九江郡當此時楚兵數千人為聚者不可勝數葛嬰至東城立襄彊為楚王嬰後聞陳王已立因殺襄彊還報至陳陳王誅殺葛嬰陳王令魏人周市北徇魏地吳廣圍滎陽李由為三川守守滎陽吳叔弗能下陳王徵國之豪

傑與計以上蔡人房君蔡賜（漢書音義曰房君官号也姓蔡名賜瓚曰房邑君也）為上柱國周文陳之賢人也（文穎曰即周章）嘗為項燕軍視日（如淳曰視日時吉凶舉動之占也司馬季主為日者）事春申君自言習兵陳王與之將軍印西擊秦行收兵至關車千乘卒數十萬至戲軍焉秦令少府章邯免驪山徒人奴產子（服虔曰家人之產奴也）悉發以擊楚大軍盡敗之周文敗走出關止次曹陽二三月章邯追敗之復走次澠池十餘日章邯擊大破之周文自

到軍遂不戰徐廣曰十一月也武臣到邯鄲自立爲趙王陳餘爲大將軍張耳召騷爲左右丞相陳王怒捕繫武臣等家室欲誅之柱國曰秦未亡而誅趙王將相家屬此生一秦也不如因而立之陳王乃遣使者賀趙而徙繫武臣等家屬宮中而封其子張敖爲成都君趣趙兵亟入關趙王將相相與謀曰王王趙非楚意也楚已誅秦必加兵於趙計莫如毋西兵使使北徇燕地以自廣

也趙南據大河北有燕代楚雖勝秦不敢
制趙若楚不勝秦必重趙趙乘秦之弊可
以得志於天下趙王以爲然因不西兵而
遣故上谷卒史韓廣將兵北徇燕地燕故
貴人豪傑謂韓廣曰楚已立王趙又已立
王燕雖小亦萬乘之國也願將軍立爲燕
王韓廣曰廣母在趙不可燕人曰趙方西
憂秦南憂楚其力不能禁我且以楚之
彊不敢害趙王將相之家趙獨安敢害將

軍之家韓廣以爲然乃自立爲燕王居數
月趙奉燕王母及家屬歸之燕當此之時
諸將之徇地者不可勝數周市北徇地至
狄（徐廣曰今之臨濟）狄人田儋殺狄令自立爲齊王
以齊反擊周市市軍散還至魏地欲立魏
後故甯陵君咎爲魏王（應劭曰魏諸公子名咎欲立六國後以樹
黨）時咎在陳王所不得之魏魏地已定欲
相與立周市爲魏王周市不肯使者五反
陳王乃立甯陵君咎爲魏王遣之國周市

卒爲相将軍田臧等相與謀曰周章軍已破矣秦兵旦暮至我圍滎陽城弗能下秦軍至必大敗不如少遺兵足以守滎陽悉精兵迎秦軍令假王驕不知兵權不可與計非誅之事恐敗因相與矯王令以誅吳叔獻其首於陳王陳王使使賜田臧楚令尹印使爲上将田臧乃使諸将李歸等守滎陽城自以精兵西迎秦軍於敖倉與戰田臧死軍破章邯進兵擊李歸等滎陽下

破之李歸等死陽城人鄧說將兵居郯章邯別將擊破之鄧說軍散走陳銍人伍徐徐廣曰一作逢將兵居許章邯擊破之伍徐軍皆散走陳陳王誅鄧說陳王初立時陵人秦嘉地里志泗水國有陵縣也銍人董緤符離人朱雞石取慮人鄭布徐人丁疾等皆特起將兵圍東海守慶於郯陳王聞乃使武平君畔為將軍張晏曰畔名也監郯下軍秦嘉不受命嘉自立為大司馬惡屬武平君告軍吏曰武平君年少

不知兵事勿聽因矯以王命殺武平君畔章邯已破伍徐擊陳柱國房君死章邯又進兵擊陳西張賀軍陳王出監戰軍破張賀死臘月張晏曰秦之臘月夏之九月瓚曰建丑之月也陳王之汝陰還至下城父其御莊賈殺以降秦陳勝葬碭諡曰隱王陳王故涓人將軍呂臣應劭曰涓人知謁者將軍姓呂名臣也晉灼曰呂氏春秋荆柱國莊伯令謁者駕令涓人取冠爲倉頭軍起新陽徐廣曰在汝南也攻陳下之殺莊賈復以陳爲楚初陳王至陳令銍人宋留將兵定南

陽入武關留已徇南陽聞陳王死南陽復
爲秦宋留不能入武關乃東至新蔡遇秦
軍宋留以軍降秦秦傳留至咸陽車裂留
以徇秦嘉等聞陳王軍破出走乃立景駒
爲楚王（徐廣曰正月嘉爲上將軍）引兵之方與欲擊秦軍
定陶下使公孫慶使齊王欲與并力俱進
齊王曰聞陳王戰敗不知其死生楚安得
不請而立王公孫慶曰齊不請楚而立王
楚何故請齊而立王且楚首事當令於天

下田儋誅殺公孫慶秦左右校復攻陳下之呂將軍走收兵復聚鄱盜鄱音婆英布居江中為羣盜陳勝之起布歸番君吳芮故謂之鄱盜者也當陽君黥布之兵相收復擊秦左右校破之青波漢書音義曰地名也復以陳為楚會項梁立懷王孫心為楚王陳勝王凡六月已為王王陳其故人嘗與傭耕者聞之之陳扣宮門曰吾欲見涉宮門令欲縛之自辨數乃置晉灼曰數音朋友數斯䟽矣不肯為通陳王出遮道而呼涉陳王聞之乃召見

載與俱歸入宮見殿屋帷帳客曰夥頤涉之為王沈沈者（應劭曰沈沈宮室深邃之皃也沈音長含反含一作金）楚人謂多為夥故天下傳之夥涉為王由陳涉始客出入愈益發舒言陳王故情或說陳王曰客愚無知顓妄言輕威陳王斬之諸陳王故人皆自引去由是無親陳王者陳王以朱房為中正胡武為司過主司羣臣諸將徇地至令之不是者繫而罪之以苛察為忠其所不善者弗下吏輒自治之陳

王信用之諸將以其故不親附此其所以敗也陳勝雖已死其所置遣侯王將相竟亡秦由涉首事也高祖時爲陳涉置守冢三十家碭至今血食褚先生曰徐廣曰一作太史公駰按班固奏事云太史遷取賈誼過秦上下篇以爲秦始皇本紀陳涉世家下賛文然則言褚先生者非也地形險阻所以爲固也兵革刑法所以爲治也猶未足恃也夫先王以仁義爲本而以固塞文法爲枝葉豈不然哉吾聞賈生之稱曰秦孝公據殽函之固韋昭曰殽謂二殽函函谷關也擁

雍州之地君臣固守以窺周室有席卷天
下包舉宇內囊括四海之意并吞八荒之
心當是時也商君佐之內立法度務耕織
脩守戰之備外連衡而鬬諸侯於是秦人
拱手而取西河之外孝公既沒惠文王武
王昭王蒙故業因遺策南取漢中西舉巴
蜀東割膏腴之地收要害之郡諸侯恐懼
會盟而謀弱秦不愛珍器重寶肥饒之地
以致天下之士合從締交相與爲一當此

之時齊有孟嘗趙有平原楚有春申魏有信陵此四君者皆明知而忠信寬厚而愛人尊賢而重士約從連衡兼韓魏燕趙宋衛中山之衆於是六國之士有甯越徐尚蘇秦杜赫之屬為之謀齊明周最陳軫邵滑樓緩翟景蘇厲樂毅之徒通其意吳起孫臏帶他兒良王廖田忌廉頗趙奢之倫制其兵嘗以什倍之地百萬之師仰關而攻秦秦人開關而延敵九國之師逡巡而

不敢進秦無亡矢遺鏃之費而天下固已
困矣於是從散約敗爭割地而賂秦秦有
餘力而制其弊追亡逐北伏尸百萬流血
漂櫓因利乘便宰割天下分裂山河彊國
請服弱國入朝施及孝文王莊襄王享國
之日淺國家無事及至始皇奮六世之餘
烈振長策而御宇內吞二周而亡諸侯履
至尊而制六合執敲扑以鞭笞天下威振
四海南取百越之地以為桂林象郡百越

之君俛首係頸委命下吏乃使蒙恬北築長城而守藩籬却匈奴七百餘里胡人不敢南下而牧馬士不敢貫弓而報怨於是廢先王之道燔百家之言以愚黔首隳名城殺豪俊收天下之兵聚之咸陽銷鋒鍉（徐廣曰一作鏑）鑄以為金人十二以弱天下之民然後踐華為城因河為池據億丈之城臨不測之谿以為固良將勁弩守要害之處信臣精卒陳利兵而誰何天下已定始

皇之心自以爲關中之固金城千里子孫帝王萬世之業也始皇既沒餘威振於殊俗然而陳涉甕牖繩樞之子甿隸之人徐廣曰田民曰甿音亡更反而遷徙之徒也材能不及中人非有仲尼墨翟之賢陶朱猗頓之富也躡足行伍之閒俛仰阡陌之中率罷散之卒將數百之衆而轉攻秦斬木爲兵揭竿爲旗天下雲會響應贏糧而景從山東豪俊遂並起而亡秦族矣且夫天下非小弱也

雍州之地殽函之固自若也陳涉之位非尊於齊楚燕趙韓魏宋衛中山之君也鉏耰棘矜非銛於句戟長鎩也適戍之衆非儔於九國之師也深謀遠慮行軍用兵之道非及鄉時之士也然而成敗異變功業相反也嘗試使山東之國與陳涉度長絜大比權量力則不可同年而語矣然而秦以區區之地致萬乘之權抑八州而朝同列百有餘年矣然後以六合爲家殽函爲

宮一夫作難而七廟墮身死人手爲天下
笑者何也仁義不施而攻守之勢異也

陳涉世家第十八

外戚世家第十九　史記四十九

自古受命帝王及繼體守文之君非獨內德茂也蓋亦有外戚之助焉夏之興也以塗山而桀之放也以末喜殷之興也以有娀紂之殺也嬖妲己周之興也以姜原及大任而幽王之禽也淫於褒姒故易基乾坤詩始關雎夫婦之際人道之大倫也禮之用唯婚姻爲兢兢夫樂調而四時和陰陽之變萬物之統也可不慎與人能弘道

無如命何甚哉妃匹之愛君不能得之於臣父不能得之於子況卑下乎既驩合矣或不能成子姓能成子姓矣或不能要其終豈非命也哉孔子罕稱命蓋難言之也非通幽明之變惡能識乎性命哉

太史公曰秦以前尚略矣其詳靡得而記焉漢興呂娥姁（徐廣曰姁音況羽反呂右娥字長姁也）爲高祖正后男爲太子及晩節色衰愛弛而戚夫人有寵其子如意幾代太子者數矣及高祖崩

呂后夷戚氏誅趙王而高祖後宮唯獨無寵疏遠者得無恙呂后長女爲宣平侯張敖妻敖女爲孝惠皇后呂太后以重親故欲其生子萬方終無子詐取後宮人子爲子及孝惠帝崩天下初定未久繼嗣不明於是貴外家王諸呂以爲輔而以呂禄女爲少帝后欲連固根本牢甚然無益也高后崩合葬長陵（關中記曰高祖陵在西呂后陵在東漢帝后同塋則爲合葬不合陵也諸陵皆如此）禄產等懼誅謀作亂大臣征之天

誘其統徐廣曰一作衆卒滅呂氏唯獨置孝惠皇后居北宮迎立代王是爲孝文帝奉漢宗廟此豈非天邪非天命孰能當之

薄太后父吳人姓薄氏秦時與故魏王宗家女魏媪通生薄姬而薄父死山陰因葬焉及諸侯畔秦魏豹立爲魏王而魏媪内其女於魏宮媪之許負所相相薄姬云當生天子是時項羽方與漢王相距滎陽天下未有所定豹初與漢擊楚及聞許負言

心獨喜因北背漢而畔中立更與楚連和漢
使曹參等擊虜魏王豹以其國為郡而薄
姬輸織室豹已死漢王入織室見薄姬有色
詔內後宮歲餘不得幸始姬少時與管夫
人趙子兒相愛約曰先貴無相忘已而管
夫人趙子兒先幸漢王漢王坐河南宮成
皐臺此兩美人相與笑薄姬初時約漢王
聞之問其故兩人具以實告漢王漢王心
慘然憐薄姬是日召而幸之薄姬曰昨暮

夜妾夢蒼龍據吾腹高帝曰此貴徵也吾
爲女遂成之一幸生男是爲代王其後薄
姬希見高祖高祖崩諸御幸姬戚夫人之
屬呂太后怒皆幽之不得出宮而薄姬以
希見故得出從子之代爲代王太后太后
弟薄昭從如代代王立十七年高后崩大臣
議立後疾外家呂氏彊皆稱薄氏仁善故
迎代王立爲孝文皇帝而太后改號曰皇
太后弟薄昭封爲軹侯薄太后母亦前死

葬櫟陽北於是乃追尊薄父爲靈文侯會稽郡置園邑三百家長丞已下吏奉守冢寢廟上食祠如法而櫟陽北亦置靈文侯夫人園如靈文侯園儀薄太后以爲母家魏王後早失父母其奉薄太后諸魏有力者於是召復魏氏及尊賞賜各以親疏受之薄氏侯者凡一人薄太后後文帝二年以孝景帝前二年崩葬南陵以呂后會葬長陵故特自起陵近孝文皇帝霸陵徐廣曰霸

陵縣有
軹道亭
竇太后趙之清河觀津人也呂太后時竇
姬以良家子入宮侍太后太后出宮人以
賜諸王各五人竇姬與在行中竇姬家在
清河欲如趙近家請其主遣宦者吏必置
我籍趙之伍中宦者忘之誤置其籍代伍
中籍奏詔可當行竇姬涕泣怨其宦者不
欲往相強乃肯行至代代王獨幸竇姬生
女嫖後生兩男而代王王后生四男先代

王未入立爲帝而王后卒及代王立爲帝
而王后所生四男更病死孝文帝立數月
公卿請立太子而竇姬長男最長立爲太
子立竇姬爲皇后女嫖爲長公主其明年
立少子武爲代王已而又徙梁是爲梁孝
王竇皇后親早卒葬觀津於是薄太后乃
詔有司追尊竇后父爲安成侯母曰安成
夫人令清河置園邑二百家長丞奉守比
靈文園法竇皇后兄竇長君弟曰竇廣國

字少君少君年四五歲時家貧爲人所略
賣其家不知其處傳十餘家至宜陽爲其
主入山作炭寒臥岸下百餘人岸崩盡壓
殺臥者少君獨得脫不死自卜數日當爲
侯從其家之長安聞竇皇后新立家在觀
津姓竇氏廣國去時雖小識其縣名及姓
又常與其姊採桑墮用爲符信上書自陳
竇皇后言之於文帝召見問之具言其故
果是又復問他何以爲驗對曰姊去我西

時與我決於傳舍中丐沐沐我請食飯我乃去於是竇后持之而泣泣涕交橫下侍御左右皆伏地泣助皇后悲哀乃厚賜田宅金錢封公昆弟家於長安絳侯灌將軍等曰吾屬不死命乃且縣此兩人兩人所出微不可不爲擇師傅賓客又復效呂氏大事也於是乃選長者士之有節行者與居竇長君少君由此爲退讓君子不敢以尊貴驕人竇皇后病失明文帝幸邯鄲愼

夫人尹姬皆毋子孝文帝崩孝景帝立乃
封廣國爲章武矦長君前死封其子彭祖
爲南皮矦吴楚反時竇太后從昆弟子竇
嬰任俠自喜將兵以軍功爲魏其矦竇氏
凡三人爲矦竇太后好黄帝老子言帝及
太子諸竇不得不讀黄帝老子尊其術竇
太后後孝景帝六歲建元六年崩合葬霸
陵遺詔盡以東宫金錢財物賜長公主嫖
王太后槐里人母曰臧兒臧兒者故燕王

臧荼孫也臧兒嫁爲槐里王仲妻生男曰信與兩女而仲死臧兒更嫁長陵田氏生男蚡勝臧兒長女嫁爲金王孫婦生一女矣而臧兒卜筮之曰兩女皆當貴因欲奇兩女乃奪金氏金氏怒不肯予決乃內之太子宮太子幸愛之生三女一男男方在身時王美人夢日入其懷以告太子太子曰此貴徵也未生而孝文帝崩孝景帝即位王夫人生男先是臧兒又入其少女兒

姁兒姁生四男景帝爲太子時薄太后以
薄氏女爲妃及景帝立立妃曰薄皇后皇
后母子母寵薄太后崩廢薄皇后景帝長
男榮其母栗姬栗姬齊人也立榮爲太子
長公主嫖有女欲予爲妃栗姬妬而景帝
諸美人皆因長公主見景帝得貴幸皆過
栗姬栗姬日怨怒謝長公主不許長公主
欲予王夫人王夫人許之長公主怒而日
讒栗姬短於景帝曰栗姬與諸貴夫人幸

姬會常使侍者祝唾其背挾邪媚道景帝以故望之景帝嘗體不安心不樂屬諸子爲王者於栗姬曰百歲後善視之栗姬怒不肯應言不遜景帝恚心嗛之而未發也長公主日譽王夫人男之美景帝亦賢之又有曩者所夢日符計未有所定王夫人知帝望栗姬因怒未解陰使人趣大臣立栗姬爲皇后大行奏事畢曰子以母貴母以子貴今太子母無號宜立爲皇后景帝

怒曰是而所宜言邪遂案誅大行而廢太子爲臨江王栗姬愈恚恨不得見以憂死卒立王夫人爲皇后其男爲太子封皇后兄信爲蓋侯景帝崩太子襲號爲皇帝尊皇太后母臧兒爲平原君封田蚡爲武安侯勝爲周陽侯景帝十三男一男爲帝十二男皆爲王而兒姁早卒其四子皆爲王王太后長女號曰平陽公主次爲南宮公主次爲林慮公主蓋侯信好酒田蚡勝貪巧

於文辭王仲早死葬槐里追尊爲共侯置
園邑二百家及平原君卒從田氏葬長陵
置園比共侯園而王太后後孝景帝十六
歲以元朔四年崩合葬陽陵王太后家凡
三人爲侯

衛皇后字子夫生微矣蓋其家號曰衛氏
出平陽侯邑（徐廣曰平陽侯曹壽尚平陽公主）子夫爲平陽
主謳者武帝初即位數歲無子平陽主求
諸良家子女十餘人飾置家武帝祓（徐廣曰三）

月上巳臨水祓除謂之禊呂后本紀亦云三月祓還過軹道蓋與游字相似故或定之也霸上還
因過平陽主主見所侍美人上弗說既飲
謳者進上望見獨說衞子夫是日武帝起
更衣子夫侍尚衣軒中得幸上還坐驩甚
賜平陽主金千斤主因奏子夫奉送入宮
子夫上車平陽主拊其背曰行矣彊飯勉
之即貴無相忘入宮歲餘竟不復幸武帝
擇宮人不中用者斥出歸之衞子夫得見
涕泣請出上憐之復幸遂有身尊寵日隆

召其兄衛長君弟青爲侍中而子夫後大幸有寵凡生三女一男男名據初上爲太子時娶長公主女爲妃立爲帝妃立爲皇后姓陳氏無子上之得爲嗣大長公主有力焉徐廣曰即景帝姊嫖也以故陳皇后驕貴聞衛子夫大幸恚幾死者數矣上愈怒陳皇后挾婦人媚道其事頗覺於是廢陳皇后而立衛子夫爲皇后陳皇后母大長公主景帝姊也數讓武帝姊平陽公主曰帝非我不

得立巳而棄捐吾女壹何不自喜而倍本乎平陽公主曰用無子故廢耳陳皇后求子與醫錢凡九千萬然竟無子衛子夫巳立爲皇后先是衛長君死乃以衛青爲將軍擊胡有功封爲長平侯青三子在襁褓中皆封爲列侯及衛皇后所謂姊衛少兒少兒生子霍去病以軍功爲冠軍侯號驃騎將軍青號大將軍立衛皇后子據爲太子衛氏枝屬以軍功起家五人爲侯及衛

后色衰趙之王夫人幸有子爲齊王王夫
人早卒而中山李夫人有寵有男一人爲
昌邑王李夫人早卒其兄李延年以音幸
號協律協律者故倡也兄弟皆坐姦族是
時其長兄廣利爲貳師將軍伐大宛不及
誅還而上既夷李氏後憐其家乃封爲海
西侯
他姬子二人爲燕王廣陵王其母無寵以
憂死及李夫人卒則有尹婕妤之屬更有

寵然皆以倡見非王侯有土之士女不可以配人主也

褚先生曰臣爲郎時問習漢家故事者鍾離生曰王太后在民間時所生子女者徐廣曰名俗父爲金王孫王孫已死景帝崩後武帝巳立王太后獨在而韓王孫名嫣素得幸武帝承閒白言太后有女在長陵也武帝曰何不早言乃使使往先視之在其家武帝乃自往迎取之蹕道先驅旄騎出橫城

門（如淳曰橫音光三輔黃圖云北面西頭門）乘輿馳至長陵當小市西入里里門閉暴開門乘輿直入此里通至金氏門外止使武騎圍其宅爲其亡走身自往取不得也即使左右羣臣入呼求之家人驚恐女亡匿內中牀下扶持出門令拜謁武帝下車泣曰獲大姊何藏之深也詔副車載之迴車馳還而直入長樂宮行詔門著引籍通到謁太后太后曰帝倦矣何從來帝曰今者至長陵得臣姊與

俱來顧曰謁太后太后曰女某邪曰是也太后爲下泣女亦伏地泣武帝奉酒前爲壽奉錢千萬奴婢三百人公田百頃甲第以賜姊太后謝曰爲帝費焉於是召平陽主南宫主林慮主三人俱來謁見姊因號曰脩成君有子男一人女一人男號爲脩成子仲女爲諸侯王王后徐廣曰嫁爲淮南王安太子妃也此二子非劉氏以故太后憐之脩成子仲驕恣陵折吏民皆患苦之

衛子夫立爲皇后后弟衛青字仲卿以大將軍封爲長平侯四子長子伉爲侯世子侯世子常侍中貴幸其三弟皆封爲侯各千三百戶一曰陰安侯二曰發干侯三曰宜春侯貴震天下天下歌之曰生男無喜生女無怒獨不見衛子夫霸天下是時平陽主寡居當用列侯尚主主與左右議長安中列侯可爲夫者皆言大將軍可主笑曰此出吾家常使令騎從我出入耳柰何

用爲夫乎左右侍御者曰今大將軍婿爲
皇后三子爲侯富貴振動天下主何以易
之乎於是主乃許之言之皇后令白之武
帝乃詔衛將軍尚平陽公主焉
褚先生曰丈夫龍變傳曰蛇化爲龍不變
其文家化爲國不變其姓丈夫當時富貴
百惡滅除光耀榮華貧賤之時何足累之哉
武帝時幸夫人尹婕妤邢夫人号娙娥衆
人謂之娙何娙何秩比中二千石容華秩

比二千石婕妤秩比列侯常從婕妤遷爲
皇后尹夫人與邢夫人同時並幸有詔不
得相見尹夫人自請武帝願望見邢夫人
帝許之即令他夫人飾從御者數十人爲
邢夫人來前尹夫人前見之曰此非邢夫
人身也帝曰何以言之對曰視其身貌形
狀不足以當人主矣於是帝乃詔使邢夫
人衣故衣獨身來前尹夫人望見之曰此
真是也於是乃低頭俛而泣自痛其不如

也諺曰美女入室惡女之仇褚先生曰浴
不必江海要之去垢馬不必騏驥要之善
走士不必賢世要之知道女不必貴種要
之貞好傳曰女無美惡入室見妬士無賢
不肖入朝見嫉美女者惡女之仇豈不然哉
鉤弋夫人姓趙氏河間人也得幸武帝生
子一人昭帝是也武帝年七十乃生昭帝
昭帝立時年五歲耳徐廣曰武帝崩年正七十昭帝年八歲耳衛
太子廢後未復立太子而燕王旦上書願

歸國入宿衛武帝怒立斬其使者於北闕上居甘泉宮召畫工圖畫周公負成王也於是左右羣臣知武帝意欲立少子也後數日帝譴責鉤弋夫人夫人脫簪珥叩頭帝曰引持去送掖廷獄夫人還顧帝曰趣行女不得活夫人死雲陽宮時暴風揚塵百姓感傷使者夜持棺往葬之封識其處其後帝閑居問左右曰人言云何左右對曰人言且立其子何去其母乎帝曰然是

非兒曹愚人所知也往古國家所以亂也由主少母壯也女主獨居驕蹇淫亂自恣莫能禁也女不聞呂后邪故諸爲武帝生子者無男女其母無不譴死豈可謂非賢聖哉昭然遠見爲後世計慮固非淺聞愚儒之所及也謚爲武豈虛哉

史記外戚世家十九

蜀大字本史記一冊

甘翰臣購于上海郁泰峯凡殘本三十五卷翰臣以此冊三卷贈余實希世之寶也刻鏤最精紙墨皆佳妙古香古色觸手如新宜永寶藏之

乙卯二月三日康有為藏于萬木草堂題記

楊守敬校此書記多避宋諱至高宗構字當是高宗時刻本審於吾說采於亦正可珍

楚元王世家第二十　史記五十

楚元王劉交者高祖之同母（徐廣曰一作父）少弟也字游高祖兄弟四人長兄伯伯蚤卒始高祖微時嘗辟事時時與賓客過巨嫂食（徐廣曰漢書云丘嫂也）嫂厭叔叔與客來嫂詳爲羹盡櫟釜賓客以故去已而視釜中尚有羹高祖由此怨其嫂及高祖爲帝封昆弟而伯子獨不得封太上皇以爲言高祖曰某非忘封之也爲其母不長者耳於是乃封其

子信爲羹頡侯（徐廣曰羹頡侯以高祖七年封封十三年高后元年有罪削爵一級爲關內侯）而王次兄仲於代（徐廣曰次兄名喜字仲以六年立爲代王其年罷卒謚頃王有子曰濞）高祖六年已禽楚王韓信於陳乃以弟交爲楚王都彭城即位二十三年卒子夷王郢立夷王四年卒子王戊立王戊立二十年冬坐爲薄太后服私姦削東海郡春戊與吳王合謀反其相張尚太傅趙夷吾諫不聽戊則殺尚夷吾起兵與吳西攻梁破棘壁至昌邑南與漢將周亞

夫戰漢絕吳楚糧道士卒飢吳王走楚王戊自殺軍遂降漢漢已平吳楚孝景帝欲以德侯子續吳徐廣曰德侯名廣吳王濞之弟也其父曰仲以元王子禮續楚竇太后曰吳王老人也宜爲宗室順善今乃首率七國紛亂天下柰何續其後不許吳許立楚後是時禮爲漢宗正乃拜禮爲楚王奉元王宗廟是爲楚文王文王立三年卒子安王道立安王二十二年卒子襄王注立襄王立十四年卒子王

純代立王純立地節二年中人上書告楚王謀反王自殺國除入漢爲彭城郡徐廣曰純立十七年卒謚節王子延壽立十九年死

趙王劉遂者其父高祖中子名友謚曰幽幽王以憂死故爲幽高后王呂禄於趙一歲而高后崩大臣誅諸呂呂禄等乃立幽王子遂爲趙王孝文帝即位二年立遂弟辟彊取趙之河間郡爲河間王以爲文王立十三年卒子哀王福立一年卒無子絶後國除入于漢遂

旣王趙二十六年孝景帝時晁錯以適削趙王常山之郡吳楚反趙王遂與合謀起兵其相建德內史王悍諫不聽遂燒殺建德王悍發兵屯其西界欲待吳與俱西北使匈奴與連和攻漢漢使曲周侯酈寄擊之趙王遂還城守邯鄲相距七月吳楚敗於梁不能西匈奴聞之亦止不肯入漢邊欒布自破齊還乃并兵引水灌趙城趙城壞趙王自殺邯鄲遂降趙幽王絕後

太史公曰國之將興必有禎祥君子用而小人退國之將亡賢人隱亂臣貴使楚王戊毋刑申公遵其言趙任防與先生趙堯傳曰趙人防與公也豈有篡殺之謀爲天下僇哉賢人乎賢人乎非質有其内惡能用之哉甚矣安危在出令存亡在所任誠哉是言也

楚元王世家第二十

荆燕世家第二十一　史記五十一

荆王劉賈者諸劉不知其何屬漢書賈高帝從父兄初起時漢王元年還定三秦劉賈爲將軍定塞地從東擊項籍漢四年漢王之敗成皋北渡河得張耳韓信軍軍脩武深溝高壘使劉賈將二萬人騎數百渡白馬津入楚地燒其積聚以破其業無以給項王軍食而已楚兵擊劉賈賈輒壁不肯與戰而與彭越相保漢五年漢王追項籍至固陵徐廣曰在陽夏

使劉賈南渡淮圍壽春還至使人閒招楚
大司馬周殷周殷反楚佐劉賈舉九江迎
武王黥布兵皆會垓下共擊項籍漢王因
使劉賈將九江兵與太尉盧綰西南擊臨
江王共尉共尉已死以臨江爲南郡漢六
年春會諸侯於陳廢楚王信因之分其地
爲二國當是時也高祖子幼昆弟少又不
賢欲王同姓以鎮天下乃詔曰將軍劉賈
有功及擇子弟可以爲王者羣臣皆曰立

劉賈爲荊王王淮東五十二城高祖弟交爲楚王王淮西三十六城因立子肥爲齊王始王昆弟劉氏也高祖十一年秋淮南王黥布反東擊荊荊王賈與戰不勝走富陵爲布軍所殺高祖自擊破布十二年立沛侯劉濞爲吳王王故荊地燕王劉澤者諸劉遠屬也漢書曰澤高祖從祖昆弟高帝三年澤爲郎中高帝十一年澤以將軍擊陳豨得王黃爲營陵侯高后時齊人田生晉灼曰楚漢春秋田子春

游之資以畫干營陵侯澤(服虔曰以計畫干之也文頴曰以工畫得寵也)澤大說之用金二百斤爲田生壽田生已得金即歸齊二年澤使人謂田生曰弗與矣(孟康曰與黨與言不復與我爲與也文頴曰不得與汝相知)田生如長安不見澤而假大宅令其子求事呂后所幸大謁者張子卿(徐廣曰名澤駰案如淳曰閹人也)居數月田生子請張卿臨親脩具張卿許往田生盛帷帳共具譬如列侯張卿驚酒酣乃屛人說張卿曰臣觀諸侯王邸弟百餘皆

高祖一切功臣今呂氏雅故本推轂高帝就天下（如淳曰呂公知高祖相貴以女妻之推轂使爲長者瓚曰謂諸呂共推轂高祖征伐成帝業雅正意也）功至大又親戚太后之重太后春秋長諸呂弱太后欲立呂產爲呂王王代太后又重發之（文穎曰欲發之恐大臣不聽鄧展曰重難發事）恐大臣不聽今卿最幸大臣所敬何不風大臣以聞太后太后必喜諸呂已王萬戶侯亦卿之有太后心欲之而卿爲內臣不急發恐禍及身矣張卿大然之乃風大臣語太

后太后朝因問大臣大臣請立呂產爲呂王太后賜張卿千斤金張卿以其半與田生田生弗受因說之曰呂產王也諸大臣未大服今營陵侯澤諸劉爲大將軍獨此尚觖望今卿言太后列十餘縣王之彼得王喜去諸呂王益固矣張卿入言太后然之乃以營陵侯劉澤爲琅邪王琅邪王乃與田生之國田生勸澤急行毋留出關太后果使人追止之已出即還及太后崩琅邪王澤乃曰帝少

諸呂用事劉氏孤弱乃引兵與齊王合謀西（漢書音義曰澤至齊爲齊王所劫不得去乃說王求詣京師齊具車送之不爲本與齊合謀也）欲誅諸呂至梁聞漢遣灌將軍屯滎陽澤還兵備西界遂跳驅至長安（漢書音義曰跳驅馳至長安也）代王亦從代至諸將相與琅邪王共立代王爲天子天子乃徙澤爲燕王乃復以琅邪予齊復故地（李奇曰本齊地分以王澤今復與齊也）澤王燕二年薨謚爲敬王傳子嘉爲康王至孫定國與父康王姬姦生子男一人奪弟妻

爲姬與子女三人姦定國有所欲誅殺臣肥如令郢人（如淳曰定國自欲有所殺餘臣肥如令郢人以告之）郢人等告定國定國使謁者以他法劾捕格殺郢人以滅口至元朔元年郢人昆弟復上書具言定國陰事以此發覺詔下公卿皆議曰定國禽獸行亂人倫逆天當誅上許之定國自殺國除爲郡

太史公曰荆王王也由漢初定天下未集故劉賈雖屬疏然以策爲王塡江淮之間

劉澤之王權激呂氏然劉澤卒南面稱孤者三世事發相重豈不爲偉乎晋灼曰澤以金與田生以事張卿張卿言之呂后而劉澤得王故曰事發相重或曰事起於相重也

荊燕世家第二十一

齊悼惠王世家第二十二 史記五十二

齊悼惠王劉肥者高祖長庶男也其母外婦也曰曹氏高祖六年立肥爲齊王食七十城諸民能齊言者皆予齊王齊王孝惠帝兄也孝惠帝二年齊王入朝惠帝與齊王燕飲亢禮如家人呂太后怒且誅齊王齊王懼不得脫乃用其內史勲計獻城陽郡以爲魯元公主湯沐邑呂太后喜乃得辭就國悼惠王即位十三年以惠帝六

年卒子襄立是爲哀王哀王元年孝惠帝崩呂太后稱制天下事皆決於高后二年高后立其兄子酈侯（徐廣曰一作鄜）呂台爲呂王割齊之濟南郡爲呂王奉邑哀王三年其弟章入宿衛於漢呂太后封爲朱虚侯以呂禄女妻之後四年封章弟興居爲東牟侯皆宿衛長安中哀王八年高后割齊琅邪郡立營陵侯劉澤爲琅邪王其明年趙王友入朝幽死于邸三趙王皆廢高后立諸

呂爲三王徐廣曰燕趙梁擅權用事朱虛侯年二十
有氣力忿劉氏不得職嘗入侍高后燕飲
高后令朱虛侯劉章爲酒吏章自請曰臣
將種也請得以軍法行酒高后曰可酒酣
章進飲歌舞已而曰請爲太后言耕田歌
高后兒子畜之笑曰顧而父知田耳若生
而爲王子安知田乎章曰臣知之太后曰
試爲我言田章曰深耕穊種立苗欲疏非
其種者鉏而去之呂后默然頃之諸呂有

一人醉亡酒章追拔劒斬之而還報曰有
亡酒一人臣謹行法斬之太后左右皆大
驚業已許其軍法無以罪也因罷自是之
後諸呂憚朱虛侯雖大臣皆依朱虛侯劉
氏爲益強其明年高后崩趙王呂祿爲上
將軍呂王產爲相國皆居長安中聚兵以
威大臣欲爲亂朱虛侯章以呂祿女爲婦
知其謀乃使人陰出告其兄齊王欲令
發兵西朱虛侯東牟侯爲內應以誅諸

呂因齊王爲帝齊王既聞此計乃與其舅父駟鈞郎中令祝午中尉魏勃陰謀發兵齊相召平聞之乃發卒衛王宮魏勃紿召平曰王欲發兵非有漢虎符驗也而相君圍王固善勃請爲君將兵衛衛王召平信之乃使魏勃將兵圍王宮勃既將兵使圍相府召平曰嗟乎道家之言當斷不斷反受其亂乃是也遂自殺於是齊王以駟鈞爲相魏勃爲將軍祝午爲內史悉發國中

兵使祝午東詐琅邪王曰呂氏作亂齊王
發兵欲西誅之齊王自以兒子年少不習
兵革之事願舉國委大王大王自高帝將
也習戰事齊王不敢離兵使臣請大王幸
之臨菑見齊王計事并將齊兵以西平關
中之亂琅邪王信之以爲然西馳見齊王
齊王與魏勃等因留琅邪王而使祝午盡
發琅邪國而并將其兵琅邪王劉澤旣見
欺不得反國乃說齊王曰齊悼惠王高皇

帝長子推本言之而大王高皇帝適長孫
也當立今諸大臣狐疑未有所定而澤於
劉氏最爲長年大臣固待澤決計今大王
留臣無爲也不如使我入關計事齊王以
爲然乃益具車送琅邪王琅邪王既行齊
遂舉兵西攻呂國之濟南於是齊哀王遺
諸侯王書曰高帝平定天下王諸子弟悼
惠王於齊悼惠王薨惠帝使留侯張良立
臣爲齊王惠帝崩高后用事春秋高聽諸

呂擅廢高帝所立又殺三趙王滅梁燕趙
以王諸呂分齊國爲四忠臣進諫上惑亂
不聽今高后崩皇帝春秋富未能治天下
固恃大臣諸將今諸呂又擅自尊官聚兵
嚴威劫列侯忠臣矯制以令天下宗廟所
以危今寡人率兵入誅不當爲王者漢聞
齊發兵而西相國呂產乃遣大將軍灌嬰
東擊之灌嬰至滎陽乃謀曰諸呂將兵居
關中欲危劉氏而自立我今破齊還報是

益呂氏資也乃留兵屯滎陽使使喻齊王及諸侯與連和以待呂氏之變而共誅之齊王聞之乃西取其故濟南郡亦屯兵於齊西界以待約呂祿呂產欲作亂關中朱虛侯與太尉勃丞相平等誅之朱虛侯首先斬呂產於是太尉勃等乃得盡誅諸呂而琅邪王亦從齊至長安大臣議欲立齊王而琅邪王及大臣曰齊王母家駟鈞惡戾虎而冠者也張晏曰言鈞惡戾如虎而著冠方以呂氏故

幾亂天下今又立齊王是欲復爲呂氏也
代王母家薄氏君子長者且代王又親高
帝子於今見在且最爲長以子則順以善
人則大臣安於是大臣乃謀迎立代王而
遣朱虛侯以誅呂氏事告齊王令罷兵灌
嬰在滎陽聞魏勃本教齊王反既誅呂氏
罷齊兵使使召責問魏勃勃曰失火之家
豈暇先言大人而後救火乎因退立股戰
而栗恐不能言者終無它語灌將軍熟視

笑曰人謂魏勃勇妄庸人耳何能爲乎乃
罷魏勃魏勃又以善鼓琴見秦皇帝及魏
勃少時欲求見齊相曹參家貧無以自通
乃常獨早夜掃齊相舍人門外相舍人怪
之以爲物而伺之得勃勃曰願見相君無
因故爲子掃欲以求見於是舍人見勃曹
參因以爲舍人一爲參御言事參以爲賢
言之齊悼惠王悼惠王召見則拜爲内史
始悼惠王得自置二千石及悼惠王卒而

哀王立勃用事重於齊相王旣罷兵歸而
代王來立是爲孝文帝孝文帝元年盡以
高后時所割齊之城陽琅邪濟南郡復與
齊而徙琅邪王王燕益封朱虛侯東牟侯
各二千戶是歲齊哀王卒太子側立是爲
文王齊文王元年漢以齊之城陽郡立朱
虛侯爲城陽王以齊濟北郡立東牟侯爲
濟北王二年濟北王反漢誅殺之地入于
漢後二年孝文帝盡封齊悼惠王子罷軍

等七人皆爲列侯齊文王立十四年卒無子國除地入于漢後一歲孝文帝以所封悼惠王子分齊爲王齊孝王將閭以悼惠王子楊虛侯爲齊王故齊別郡盡以王悼惠王子子志爲濟北王子辟光爲濟南王子賢爲菑川王子卬爲膠西王子雄渠爲膠東王與城陽齊凡七王齊孝王十一年吳王濞楚王戊反興兵西告諸侯曰將誅漢賊臣鼂錯以安宗廟膠西膠東菑川濟

南皆擅發兵應吴楚欲與齊齊孝王狐疑
城守不聽三國兵共圍齊張晏曰膠西菑川濟南也齊王
使路中大夫張晏曰姓路爲中大夫告於天子天子復
令路中大夫還告齊王善堅守吾兵今破
吴楚矣路中大夫至三國兵圍臨菑數重
無從入三國將刼與路中大夫盟曰若反
言漢已破矣齊趣下三國不且見屠路中
大夫既許之至城下望見齊王曰漢已發
兵百萬使太尉周亞夫擊破吴楚方引兵

救齊齊必堅守無下三國將誅路中大夫
齊初圍急陰與三國通謀約未定會聞路中
大夫從漢來喜及其大臣乃復勸王毋下
三國居無何漢將欒布平陽侯等兵至齊
擊破三國兵解齊圍已而復聞齊初與三
國有謀將欲移兵伐齊齊孝王懼乃飲藥
自殺景帝聞之以爲齊首善以迫劫有謀
非其罪也乃立孝王太子壽爲齊王是爲
懿王續齊後而膠西膠東濟南菑川王咸

誅滅地入于漢徙濟北王王菑川齊懿王立二十二年卒子次景立是爲厲王齊厲王其母曰紀太后太后取其弟紀氏女爲厲王后王不愛紀氏女太后欲其家重寵令其長女紀翁主入王宮正其後宮毋令得近王欲令愛紀氏女王因與其姊翁主姦齊有宦者徐甲入事漢皇太后皇太后有愛女曰脩成君脩成君非劉氏（張晏曰王太后前嫁金氏所生）太后憐之脩成君有女名娥太后欲嫁

之於諸侯宦者甲乃請使齊必令王上書
請娥皇太后喜使甲之齊是時齊人主父
偃知甲之使齊以取后事亦因謂甲即事
成幸言偃女願得充王後宮甲既至齊風
以此事紀太后大怒曰王有后後宮具備
且甲齊貧人急（徐廣曰一作及）乃爲宦者入事漢無
補益乃欲亂吾王家且主父偃何爲者乃
欲以女充後宮徐甲大窮還報皇太后曰
王巳願尚娥然有一害恐如燕王燕王者

與其子昆弟姦新坐以死亡國故以燕感太后太后曰無復言嫁女齊事事浸潯不得聞於天子主父偃由此亦與齊有郤主父偃方幸於天子用事因言齊臨菑十萬戶市租千金人衆殷富巨於長安此非天子親弟愛子不得王此今齊王於親屬益疏乃從容言呂太后時齊欲反吳楚時孝王幾爲亂今聞齊王與其姊亂於是天子乃拜主父偃爲齊相且正其事主父偃既

至齊乃急治王後宮宦者爲王通於姊翁主所者令其辭證皆引王王年少懼大罪爲吏所執誅乃飲藥自殺絕無後是時趙王懼主父偃一出廢齊恐其漸疏骨肉乃上書言偃受金及輕重之短天子亦既囚偃公孫弘言齊王以憂死毋後國入漢非誅偃無以塞天下之望遂誅偃齊厲王立五年死毋後國入于漢齊悼惠王後尚有二國城陽及菑川菑川地比齊天子憐齊

爲悼惠王冢冢園在郡割臨菑東環悼惠王
冢園邑盡以予菑川以奉悼惠王祭祀城
陽景王章齊悼惠王子以朱虛侯與大臣
共誅諸呂而章身首先斬相國呂王產於
未央宮孝文帝旣立益封章二千戸賜金
千斤孝文二年以齊之城陽郡立章爲城
陽王立二年卒子喜立是爲共王共王八
年徙王淮南四年復還王城陽凡三十三
年卒子建延立是爲頃王頃王二十八年

卒子義立是爲敬王敬王九年卒子武立是爲惠王惠王十一年卒子順立是爲荒王荒王四十六年卒子恢立（徐廣曰甘露二年）是爲戴王戴王八年卒子景立至建始三年十五歲卒濟北王興居齊悼惠王子以東牟矦助大臣誅諸呂功少及文帝從代來興居曰請與大僕嬰入清宮廢少帝共與大臣尊立孝文帝孝文帝二年以齊之濟北郡立興居爲濟北王與城陽王俱立立二

年反始大臣誅呂氏時朱虛侯功尤大許
盡以趙地王朱虛侯盡以梁地王東牟侯
及孝文帝立聞朱虛東牟之初欲立齊王
故絀其功及二年王諸子乃割齊二郡以
王章興居章興居自以失職奪功章死而
興居聞匈奴大入漢漢多發兵使丞相灌
嬰擊之文帝親幸太原以爲天子自擊胡
遂發兵反於濟北天子聞之罷丞相及行
兵皆歸長安使棘蒲侯柴將軍張晏曰柴武擊

破虜濟北王王自殺地入于漢爲郡後十
二年文帝十六年復以齊悼惠王子安都
矦志爲濟北王十一年吳楚反時志堅守
不與諸矦合謀吳楚已平徙志王菑川濟
南王辟光齊悼惠王子以勒矦孝文十六年
爲濟南王十一年與吳楚反漢擊破殺辟
光以濟南爲郡地入于漢菑川王賢齊悼
惠王子以武城矦文帝十六年爲菑川王
十一年與吳楚反漢擊破殺賢天子因徙

濟北王志王菑川志亦齊悼惠王子以安
都侯王濟北菑川王反毋後乃徙濟北王
王菑川凡立三十五年卒謚爲懿王子建
代立是爲靖王二十年卒子遺代立是爲
頃王三十六年卒子終古立是爲思王二
十八年卒子尚立是爲孝王五年卒子横
立至建始三年十一歲卒膠西王卬齊悼
惠王子以昌平侯文帝十六年爲膠西王
十一年與吳楚反漢擊破殺卬地入于漢

爲膠西郡膠東王雄渠齊悼惠王子以白石矦文帝十六年爲膠東王十一年與吳楚反漢擊破殺雄渠地入于漢爲膠東郡

太史公曰諸矦大國無過齊悼惠王以海内初定子弟少激秦之無尺土封故大封同姓以塡萬民之心及後分裂固其理也

齊悼惠王世家卷第二十二

蕭相國世家第二十三　史記五十三

蕭相國何者沛豐人也以文無害爲沛主吏掾漢書音義曰文無害有文無所枉害也律有無害都吏如今言公平吏一曰無害者如言無比陳留閒語也高祖爲布衣時何數以吏事護高祖高祖爲亭長常左右之高祖以吏繇咸陽吏皆送奉錢三何獨以五李奇曰或三百或五百也秦御史監郡者與從事常辨之張晏曰何與共事脩辨明何素有方略也蘇林曰辟何與從事也秦時無刺史以御史監郡何乃給泗水卒史徐廣曰沛縣有泗水亭又秦以沛爲泗水郡駰案文穎曰何爲泗水郡卒史事第一秦

御史欲入言徵何何固請得毋行及高祖
起爲沛公何常爲丞督事沛公至咸陽諸
將皆爭走金帛財物之府分之何獨先入
收秦丞相御史律令圖書藏之沛公爲漢
王以何爲丞相項王與諸侯屠燒咸陽而
去漢王所以具知天下阨塞戶口多少彊
弱之處民所疾苦者以何具得秦圖書也
何進言韓信漢王以信爲大將軍語在淮
陰侯事中漢王引兵東定三秦何以丞相

留收巴蜀塡撫諭告使給軍食漢二年漢
王與諸侯擊楚何守關中侍太子治櫟陽
爲法令約束立宗廟社稷宮室縣邑輙奏
上可許以從事即不及奏上輙以便宜施
行上來以聞應劭曰上來還乃以所爲聞之關中事計戸口
轉漕給軍漢王數失軍遁去何常興關中
卒輙補缺上以此專屬任何關中事漢三
年漢王與項羽相距京索之閒上數使使
勞苦丞相鮑生謂丞相曰王暴衣露蓋數

使使勞苦君者有疑君心也爲君計莫若
遣君子孫昆弟能勝兵者悉詣軍所上必
益信君於是何從其計漢王大說漢五年
既殺項羽定天下論功行封羣臣爭功歲
餘功不決高祖以蕭何功最盛封爲酇侯
文穎曰音贊瓚曰今南陽贊縣也孫檢曰有二縣音字多亂其屬沛郡者音嵯屬南陽者音讚案茂陵書蕭何國在南陽宜呼讚今多呼嵯嵯舊字作䣜今皆作酇所由亂也
所食邑多功臣
皆曰臣等身被堅執銳多者百餘戰少者
數十合攻城略地大小各有差今蕭何未

嘗有汗馬之勞徒持文墨議論不戰顧反居臣等上何也高帝曰諸君知獵乎曰知之知獵狗乎曰知之高帝曰夫獵追殺獸兎者狗也而發蹤指示獸處者人也今諸君徒能得走獸耳功狗也至如蕭何發蹤指示功人也且諸君獨以身隨我多者兩三人今蕭何舉宗數十人皆隨我功不可忘也羣臣皆莫敢言列侯畢已受封及奏位次皆曰平陽侯曹參身被七十創攻城

略地功最多宜第一上已橈功臣多封蕭何應劭曰橈屈也至位次未有以復難之然心欲何第一關内侯鄂君進曰羣臣議皆誤夫曹參雖有野戰略地之功此特一時之事夫上與楚相距五歲常失軍士衆逃身遁者數矣然蕭何常從關中遣軍補其處非上所詔令召而數萬衆會上之乏絶者數矣夫漢與楚相守滎陽數年軍無見糧蕭何轉漕關中給食不乏陛下雖數亡山東蕭

何常全關中以待陛下此萬世之功也今雖亡曹參等百數何缺於漢漢得之不必待以全柰何欲以一旦之功而加萬世之功哉蕭何第一曹參次之高祖曰善於是乃令蕭何賜帶劒履上殿入朝不趨上曰吾聞進賢受上賞蕭何功雖高得鄂君乃益明於是因鄂君故所食關內侯邑封為安平侯徐廣曰以謁者從定諸侯有功秩舉蕭何功故因侯二千戶封九年卒至玄孫但坐與淮南王安通棄市國除是日悉封何父子兄弟十餘人

皆有食邑乃益封何二千戸以帝嘗繇咸
陽時何送我獨贏奉錢二也漢十一年陳
狶反高祖自将至邯鄲未罷淮陰侯謀反
關中呂后用蕭何計誅淮陰侯語在淮陰
事中上已聞淮陰侯誅使使拜丞相何爲
相國益封五千戸令卒五百人一都尉爲
相國衞諸君皆賀召平獨弔召平者故秦
東陵矦秦破爲布衣貧種瓜於長安城東
瓜美故世俗謂之東陵瓜從召平以爲名

也召平謂相國曰禍自此始矣上暴露於外而君守於中非被矢石之事而益君封置衛者以今者淮陰侯新反於中疑君心矣夫置衛衛君非以寵君也願君讓封勿受悉以家私財佐軍則上心説相國從其計高帝乃大喜漢十二年秋黥布反上自將擊之數使使問相國何爲相國爲上在軍乃拊循勉力百姓悉以所有佐軍如陳豨時客有説相國曰君滅族不

以矣夫君位爲相國功第一可復加哉然
君初入關中得百姓心十餘年矣皆附君
常復孳孳得民和上所爲數問君者畏君
傾動關中今君胡不多買田地賤貰貸以
自汙上心乃安於是相國從其計上乃大
說上罷布軍歸民道遮行上書言相國賤
彊買民田宅數千萬上至相國謁上笑曰
夫相國乃利民民所上書皆以與相國曰
君自謝民相國因爲民請曰長安地狹上

林中多空地棄願令民得入田毋收稾爲禽獸食上大怒曰相國多受賈人財物乃爲請吾苑乃下相國廷尉械繫之數日王衛尉侍如淳曰百官公卿表衛尉王氏無名字前問曰相國何大罪陛下繫之暴也上曰吾聞李斯相秦皇帝有善歸主有惡自與今相國多受賈豎金而爲民請吾苑以自媚於民故繫治之王衛尉曰夫職事苟有便於民而請之眞宰相事陛下柰何乃疑相國受賈人錢乎

且陛下距楚數歲陳豨黥布反陛下自將而往當是時相國守關中搖足則關以西非陛下有也相國不以此時爲利今乃利賈人之金乎且秦以不聞其過亡天下李斯之分過又何足法哉陛下何疑宰相之淺也韋昭曰用意淺高帝不懌是日使使持節赦出相國相國年老素恭謹入徒跣謝高帝曰相國休矣相國爲民請苑吾不許我不過爲桀紂主而相國爲賢相吾故繫相國

欲令百姓聞吾過也何素不與曹參相能及何病孝惠自臨視相國病因問曰君即百歲後誰可代君者對曰知臣莫如主孝惠曰曹參何如何頓首曰帝得之矣臣死不恨矣何置田宅必居窮處爲家不治垣屋曰後世賢師吾儉不賢毋爲勢家所奪孝惠二年相國何卒東觀漢記云蕭何墓在長陵東司馬門道北百步謚爲文終侯徐廣曰功臣表蕭何以客初起從也後嗣以罪失侯者四世絕天子輒復求何後封續酇侯功

臣莫得比焉
太史公曰蕭相國何於秦時爲刀筆吏錄錄未有奇節及漢興依日月之末光何謹守管籥因民之疾秦法順流與之更始淮陰黥布等皆以誅滅而何之勲爛焉位冠羣臣聲施後世與閎夭散宜生等爭烈矣

蕭相國世家卷第二十三

曹參世家第二十四　史記五十四

平陽矦曹參者沛人也（張華曰曹參字敬伯）秦時爲沛獄掾而蕭何爲主吏居縣爲豪吏矣高祖爲沛公而初起也參以中涓從（漢書音義曰中涓如中謁者）將擊胡陵方與攻秦監公軍（漢書音義曰監御史監郡者公名秦一郡置守尉監三人）大破之東下薛擊泗水守軍薛郭西復攻胡陵取之徙守方與方與反爲魏擊之豐反爲魏攻之賜爵七大夫擊秦司馬尼軍碭東破之取碭狐父（徐廣曰伍被曰吳濞

敗於狐父祁善置 文穎曰善置置名也晉灼曰祁音坻孫檢曰漢謂驛曰置善名也

又攻下邑以西至虞擊章邯車騎攻爰戚 徐廣曰宣帝時有爰戚矦 及亢父先登遷爲五大夫北救東阿擊章邯軍陷陳追至濮陽攻定陶取臨濟南救雍丘擊李由軍破之殺李由虜秦候一人秦將章邯破殺項梁也沛公與項羽引而東楚懷王以沛公爲碭郡長將碭郡兵於是乃封參爲執帛 張晏曰孤卿也或曰楚官名 號曰建成君遷爲戚公屬碭郡其後從攻

東郡尉軍破之成武南擊王離軍成陽南
復攻之杠里大破之追北西至開封擊趙
賁軍破之圍趙賁開封城中西擊秦將揚
熊軍於曲遇徐廣曰在中牟破之虜秦司馬及御
史各一人遷爲執珪張晏曰侯伯執珪以朝位比之如淳曰呂氏春秋得
伍負者位執珪古爵名從攻陽武下轘轅緱氏絕河津
還擊趙賁軍尸北破之徐廣曰尸在偃師孟康曰尸鄉北從南
攻犨與南陽守齮戰陽城郭東應劭曰今赭陽陷陳
取宛虜齮盡定南陽郡從西攻武關嶢關

取之前攻秦軍藍田南又夜擊其北秦軍大破遂至咸陽滅秦項羽至以沛公爲漢王漢王封參爲建成侯從至漢中遷爲將軍從還定三秦初攻下辯故道雍斄擊章平軍於好時南破之圍好時取壤鄉文穎曰地名擊三秦軍壤東及高櫟破之復圍章平章平出好時走因擊趙賁內史保軍破之東取咸陽更命曰新城參將兵守景陵漢書音義曰縣名也二十日三秦使章平等攻參參出擊

大破之賜食邑於寧秦（蘇林曰今華陰）參以將軍引兵圍章邯於廢丘以中尉從漢王出臨晉關至河內下脩武渡圍津（徐廣曰東郡白馬有圍津）東擊龍且項他定陶破之東取碭蕭彭城擊項籍軍漢軍大敗走參以中尉圍取雍丘王武反於黃（徐廣曰內黃縣有黃澤）程處反於燕（徐廣曰東郡燕縣駰案漢書音義曰皆漢將）往擊盡破之柱天侯反於衍氏又進破取衍氏擊羽嬰於昆陽追至葉還攻武彊（瓚曰武彊城在陽武）因至滎陽參自漢中為將

軍中尉從擊諸侯及項羽敗還至滎陽凡
二歲高祖三年拜爲假左丞相入屯兵關
中月餘魏王豹反以假左丞相别與韓信
東攻魏將軍孫遫軍東張徐廣曰張者地名功臣表有張侯毛
澤之駰案蘇林曰屬河東大破之因攻安邑得魏將王襄
擊魏王於曲陽追至武垣徐廣曰河東有垣縣生得魏
王豹取平陽得魏王母妻子盡定魏地凡
五十二城賜食邑平陽因從韓信擊趙相
國夏說軍於鄔東徐廣曰鄔縣在太原音烏古反大破之斬

夏說韓信與故常山王張耳引兵下井陘
擊成安君而令參還圍趙別將戚將軍於
鄔城中戚將軍出走追斬之乃引兵詣敖
倉漢王之所韓信已破趙為相國東擊齊
參以右丞相屬韓信攻破齊歷下軍遂取
臨菑還定濟北郡攻著漯陰平原鬲盧已
而從韓信擊龍且軍於上假密（文穎曰或以爲高密）大
破之斬龍且虜其將軍周蘭定齊凡得七
十餘縣得故齊王田廣相田光其守相許

章及故齊膠東將軍田旣韓信爲齊王引兵詣陳與漢王共破項羽而叅留平齊未服者項籍已死天下定漢王爲皇帝韓信徙爲楚王齊爲郡叅歸漢相印高帝以長子肥爲齊王而以叅爲齊相國以高祖六年賜爵列侯與諸侯剖符世世勿絶食邑平陽萬六百三十戸號曰平陽侯除前所食邑以齊相國擊陳豨將張春軍破之黥布反叅以齊相國從悼惠王將兵車騎十

二萬人與高祖會擊黥布軍大破之南至蘄還定竹邑相蕭留參功凡下二國縣一百二十二得王二人相三人將軍六人大莫敖漢書音義曰楚之卿號郡守司馬候御史各一人孝惠帝元年除諸侯相國法更以參爲齊丞相參之相齊齊七十城天下初定悼惠王富於春秋參盡召長老諸生問所以安集百姓如齊故俗諸儒以百數言人人殊參未知所定聞膠西有蓋公善治黄老言

使人厚幣請之既見蓋公蓋公爲言治道貴清淨而民自定推此類具言之參於是避正堂舍蓋公焉其治要用黃老術故相齊九年齊國安集大稱賢相惠帝二年蕭何卒參聞之告舍人趣治行吾將入相居無何使者果召參參去屬其後相曰以齊獄市爲寄愼勿擾也後相曰治無大於此者乎參曰不然夫獄市者所以并容也今君擾之姦人安所容也吾是以先之漢書音義

曰夫獄市兼受善惡若窮極姦人無所容竄姦人無所容竄久且為亂秦人極刑而天下畔孝武峻法而獄繁此其効也老子曰我無為而民自化我好靜而民自正參欲以道化其本不欲擾其末參始微時與蕭何善及為將相有郤至何且死所推賢唯參參代何為漢相國舉事無所變更一遵蕭何約束擇郡國吏木訥於文辭重厚長者即召除為丞相史吏之言文刻深欲務聲名者輒斥去之日夜飲醇酒卿大夫已下吏及賓客見參不事事如淳曰不事丞相之事來者皆欲有言至者參輒飲以醇酒

閒之欲有所言復飲之醉而後去終莫得開說如淳曰開謂有所啓白以為常相舍後園近吏舍吏舍日飲歌呼從吏惡之無如之何乃請參游園中聞吏醉歌呼從吏幸相國召案之乃反取酒張坐飲亦歌呼與相應和參見人之有細過專掩匿覆蓋之府中無事參子窋為中大夫惠帝怪相國不治事以為豈少朕與乃謂窋曰若歸試私從容問而父曰高帝新棄羣臣帝富於春秋君為相

日飲無所請事何以憂天下乎然無言吾告若也窋既洗沐歸閒侍自從其所諫參參怒而笞窋二百曰趣入侍天下事非若所當言也至朝時惠帝讓參曰與窋胡治乎（如淳曰猶言用窋爲治）乃者我使諫君也參免冠謝曰陛下自察聖武孰與高帝上曰朕乃安敢望先帝乎曰陛下觀臣能孰與蕭何賢上曰君似不及也參曰陛下言之是也且高帝與蕭何定天下法令既明今陛下垂

拱參等守職遵而勿失不亦可乎惠帝曰
善君休矣參爲漢相國出入三年卒謚懿
侯子窋代侯百姓歌之曰蕭何爲法顜徐廣
曰顜音古項反一音較若畫一曹參代之守而勿失載
其清淨民以寧一平陽侯窋高后時爲御
史大夫孝文帝立免爲侯立二十九年卒
謚爲靜侯子奇代侯立七年卒謚爲簡侯
子時代侯時尚平陽公主生子襄時病癘
歸國立二十三年卒謚夷侯子襄代侯襄

尚衛長公主生子宗立十六年卒謚爲共
侯子宗代侯征和二年中宗坐太子死國除
太史公曰曹相國參攻城野戰之功所以
能多若此者以與淮陰侯俱及信已滅而
列侯成功唯獨參擅其名參爲漢相國清
靜極言合道然百姓離秦之酷後參與休
息無爲故天下俱稱其美矣

曹相國世家卷第二十四

陳丞相世家第二十六　史記五十六

陳丞相平者陽武戶牖鄉人也徐廣曰陽武屬魏地戶牖今爲東昏縣屬陳留少時家貧好讀書有田三十畝獨與兄伯居伯常耕田縱平使游學平爲人長美色人或謂陳平曰貧何食而肥若是其嫂嫉平之不視家生產曰亦食糠覈耳徐廣曰覈音核駰案孟康曰麥糠中不破者也晉灼曰覈音紇京師爲麄屑爲紇頭有叔如此不如无有伯聞之逐其婦而棄之及平長可娶妻富人莫肯與者貧者平亦

恥之久之戶牖富人有張負張負女孫五嫁
而夫輒死人莫敢娶平欲得之邑中有喪平
貧侍喪以先往後罷爲助張負旣見之喪
所獨視偉平平亦以故後去負隨平至其
家家乃負郭窮巷以弊席爲門然門外多
有長者車轍張負歸謂其子仲曰吾欲以
女孫予陳平張仲曰平貧不事事一縣中
盡笑其所爲獨柰何予女乎負曰人固有
好美如陳平而長貧賤者乎卒與女爲平

貧乃假貸幣以聘予酒肉之資以內婦負誡其孫曰毋以貧故事人不謹事兄伯如事父事嫂如母（兄伯已逐其婦此嫂疑後娶也）平既娶張氏女賫用益饒游道日廣里中社平為宰分肉食甚均父老曰善陳孺子之為宰平曰嗟乎使平得宰天下亦如是肉矣陳涉起而王陳使周市略定魏地立魏咎為魏王與秦軍相攻於臨濟陳平固已前謝其兄伯（漢書音義曰謝語其兄往事魏）從少年往事魏王咎於臨

濟魏王以爲太僕說魏王不聽人或讒之
陳平亡去久之項羽畧地至河上陳平往
歸之從入破秦賜平爵卿張晏曰禮秩如卿不治事項羽
之東王彭城也漢王還定三秦而東殷王
反楚項羽乃以平爲信武君將魏王咎客
在楚者以往擊降殷王而還項王使項悍
拜平爲都尉賜金二十溢居無何漢王攻
下殷王項王怒將誅定殷者將吏陳平懼
誅乃封其金與印使使歸項王而平身閒

行杖劒亡渡河船人見其美丈夫獨行疑其亡將要中當有金玉寶器目之欲殺平平恐乃解衣裸而佐刺船船人知其無有乃止平遂至脩武降漢徐廣曰漢二年因魏無知求見漢王漢王召入是時萬石君奮爲漢王中涓徐廣曰亦曰涓人受平謁入見平平等七人俱進賜食王曰罷就舍矣平曰臣爲事來所言不可以過今日於是漢王與語而說之問曰子之居楚何官曰爲都尉是日乃拜

平爲都尉使爲參乘典護軍諸將盡讙曰大王一日得楚之亡卒未知其高下而即與同載反使監護軍長者漢王聞之愈益幸平遂與東伐項王至彭城爲楚所敗引而還收散兵至滎陽以平爲亞將屬於韓王信軍廣武絳侯灌嬰等咸讒陳平曰平雖美丈夫如冠玉耳其中未必有也漢書音義曰飾冠以玉光好外見中非所有臣聞平居家時盜其嫂事魏不容亡歸楚歸楚不中又亡歸漢今日大

王尊官之令護軍臣聞平受諸將金金多者得善處金少者得惡處平反覆亂臣也願王察之漢王疑之召讓魏無知無知曰臣所言者能也陛下所問者行也今有尾生孝己之行（如淳曰孝己高宗之子有孝行）而無益於勝負之數陛下何暇用之乎楚漢相距臣進奇謀之士顧其計誠足以利國家不耳且盜嫂受金又何足疑乎漢王召讓平曰先生事魏不中遂事楚而去今又從吾游信者

固多心乎平曰臣事魏王魏王不能用臣說故去事項王項王不能信人其所任愛非諸項即妻之昆弟雖有奇士不能用平乃去楚聞漢王之能用人故歸大王臣躶身來不受金無以爲資誠臣計畫有可采者願大王用之使無可用者金具在請封輸官得請骸骨漢王乃謝厚賜拜爲護軍中尉盡護諸將諸將乃不敢復言其後楚急攻絶漢甬道圍漢王於滎陽城久之漢

王患之請割滎陽以西以和項王不聽漢王謂陳平曰天下紛紛何時定乎陳平曰項王爲人恭敬愛人士之廉節好禮者多歸之至於行功爵邑重之士亦以此不附今大王慢而少禮士廉節者不來然大王能饒人以爵邑士之頑鈍如淳曰猶無廉隅嗜利無恥者亦多歸漢誠各去其兩短襲其兩長天下指麾則定矣然大王恣侮人不能得廉節之士顧楚有可亂者彼項王骨鯁之

臣亞父鍾離眛龍且周殷之屬不過數人
耳大王誠能出捐數萬斤金行反閒閒其
君臣以疑其心項王爲人意忌信讒必内
相誅漢因舉兵而攻之破楚必矣漢王以
爲然乃出黄金四萬斤與陳平恣所爲不
問其出入陳平既多以金縱反閒於楚軍
宣言諸將鍾離眛等爲項王將功多矣然
而終不得裂地而王欲與漢爲一以滅項
氏而分王其地項羽果意不信鍾離眛等

項王既疑之使使至漢漢王爲太牢具舉
進見楚使即詳驚曰吾以爲亞父使乃項
王使復持去更以惡草具漢書音義曰草粗也進楚
使楚使歸具以報項王項王果大疑亞父
亞父欲急攻下滎陽城項王不信不肯聽
亞父聞項王疑之乃怒曰天下事大定矣
君王自爲之願請骸骨歸歸未至彭城疽
發背而死陳平乃夜出女子二千人滎陽
城東門楚因擊之陳平乃與漢王從城西

門夜出去遂入關收散兵復東其明年淮陰侯破齊自立爲齊王使使言之漢王漢王大怒而罵陳平躡漢王（漢書音義曰躡謂躡漢王足）漢王亦悟乃厚遇齊使使張子房卒立信爲齊王封平以戸牖鄉用其奇計策卒滅楚常以護軍中尉從定燕王臧荼漢六年人有上書告楚王韓信反高帝問諸將諸將曰亟發兵坑豎子耳高帝默然問陳平平固辭謝曰諸將云何上具告之陳平曰人

之上書言信反有知之者乎曰未有曰信
知之乎曰不知陳平曰陛下精兵孰與楚
上曰不能過平曰陛下將用兵有能過韓
信者乎上曰莫及也平曰今兵不如楚精
而將不能及而舉兵攻之是趣之戰也竊
爲陛下危之上曰爲之柰何平曰古者天
子巡狩會諸侯南方有雲夢陛下弟出僞
游雲夢會諸侯於陳陳楚之西界信聞天
子以好出游其勢必無事而郊迎謁謁而

陛下因禽之此特一力士之事耳高帝以爲然乃發使告諸侯會陳吾將南游雲夢上因隨以行行未至陳楚王信果郊迎道中高帝豫具武士見信至即執縛之載後車信呼曰天下已定我固當烹高帝顧謂信曰若毋聲而反明矣武士反接之(漢書音義曰反縛兩手)遂會諸侯于陳盡定楚地還至雒陽赦信以爲淮陰侯而與功臣剖符定封於是與平剖符世世勿絕爲戶牖侯平辭曰

此非臣之功也上曰吾用先生謀計戰勝
尅敵非功而何平曰非魏無知臣安得進
上曰若子可謂不背本矣乃復賞魏無知
其明年以護軍中尉從攻反者韓王信於
代卒至平城爲匈奴所圍七日不得食高
帝用陳平奇計使單于閼氏蘇林曰閼氏音焉支如漢皇后
圍以得開高帝既出其計祕世莫得聞桓譚
新論或云陳平爲高帝解平城之圍則言其事祕世
莫得而聞也此以工妙踔善故藏隱不傳焉子能權
知斯事否吾應之曰此策乃反薄陋拙惡故隱而不
泄高帝見圍七日而陳平往說閼氏閼氏言於單于

而出之以是知其所用說之事矣彼陳平必言漢有好麗美女爲道其容貌天下無有今困急已馳使歸迎取欲進與單于單于見此人必大好愛之愛之則閼氏日以遠踈不如及其未到令漢得脫去去亦不持女來矣閼氏婦女有妬媢之性必憎惡而事去之此說簡而要及得其用則欲使神怪故隱匿不泄也劉子駿聞吾言乃立稱善焉按漢書音義應劭說此事大旨與桓論畧同不知是應全取桓論或别有所聞乎今觀桓論似本無說

高帝南過曲逆（地理志縣屬中山也）上其城望見其屋室甚大曰壯哉縣吾行天下獨見洛陽與是耳顧問御史曰曲逆戶口幾何對曰始秦時三萬餘戶閒者兵數起多亡匿今見五千戶於是乃詔御

史更以陳平爲曲逆侯盡食之除前所食
戶牖其後常以護軍中尉從攻陳豨及黥
布凡出六奇計輒益邑凡六益封奇計或
頗祕世莫得聞也高帝從破布軍還病創
徐行至長安燕王盧綰反上使樊噲以相
國將兵攻之既行人有短惡噲者高帝怒
曰噲見吾病乃冀我死也用陳平謀而召
絳侯周勃受詔牀下曰陳平亟馳傳載勃
代噲將平至軍中即斬噲頭二人既受詔

馳傳未至軍行計之曰樊噲帝之故人也
功多且又乃呂后弟呂嬃之夫有親且貴
帝以忿怒故欲斬之則恐後悔寧囚而致
上上自誅之未至軍爲壇以節召樊噲噲
受詔即反接載檻車傳詣長安而令絳侯
勃代將將兵定燕反縣平行聞高帝崩平
恐呂太后及呂嬃讒怒乃馳傳先去逢使
者詔平與灌嬰屯於滎陽平受詔立復馳
至宮哭甚哀因奏事喪前呂太后哀之曰

君勞出休矣平畏讒之就因固請得宿衞中太后乃以爲郎中令曰傅教孝惠如淳曰傅相之傅也是後呂嬃讒乃不得行樊噲至則赦復爵邑孝惠帝六年相國曹參卒以安國侯王陵爲右丞相徐廣曰王陵以客從起豐以廄將別守豐上東因從戰不利奉孝惠魯元出雎水中封爲雍侯高祖八年定食安國二十一年卒謚武侯至玄孫坐酎金國除陳平爲左丞相王陵者故沛人始爲縣豪高祖微時兄事陵陵少文任氣好直言及高祖起沛入至咸陽陵亦自聚黨數千人居南

陽不肯從沛公及漢王之還攻項籍陵乃以兵屬漢項羽取陵母置軍中陵使至則東鄉坐陵母欲以招陵陵母旣私送使者泣曰爲老妾語陵謹事漢王漢王長者也無以老妾故持二心妾以死送使者遂伏劒而死項王怒亨陵母陵卒從漢王定天下以善雍齒雍齒高帝之仇而陵本无意從高帝以故晩封爲安國侯安國侯旣爲右丞相二歲孝惠帝崩高后欲立諸呂爲

王問王陵王陵曰不可問陳平陳平曰可
呂太后怒乃詳遷陵爲帝太傅實不用陵
陵怒謝疾免杜門竟不朝請七年而卒陵
之免丞相呂太后乃徙平爲右丞相以辟
陽侯審食其爲左丞相左丞相不治常給
事於中孟康曰不在治處便止宮中也食其亦沛人漢王之
敗彭城西楚取太上皇呂后爲質食其以
舍人侍呂后其後從破項籍爲侯幸於呂
太后及爲相居中百官皆因決事呂須常

以前陳平爲高帝謀執樊噲數讒曰陳平爲相非治事日飲醇酒戲婦女陳平聞日益甚呂太后聞之私獨喜面質呂嬃於陳平曰鄙語曰兒婦人口不可用顧君與我何如耳無畏呂嬃之讒也呂太后立諸呂爲王陳平僞聽之及呂太后崩平與太尉勃合謀卒誅諸呂立孝文皇帝陳平本謀也審食其免相徐廣曰審食其初以舍人起侍呂后孝惠於沛又從在楚封二十五年文帝三年年死子平代代二十二年景帝三年坐謀反國除一本云食其免後三歲爲淮南王

所殺文帝令其子平嗣侯菑川王反辟陽近菑川平降之國除孝文帝立以爲太尉勃親以兵誅呂氏功多陳平欲讓勃尊位乃謝病孝文帝初立怪平病問之平曰高祖時勃功不如臣平及誅諸呂臣功亦不如勃願以右丞相讓勃於是孝文帝乃以絳侯勃爲右丞相位次第一平徙爲左丞相位次第二賜平金千斤益封三千戶居頃之孝文皇帝既益明習國家事朝而問右丞相勃曰天下一歲決獄幾何

勃謝曰不知問天下一歲錢穀出入幾何勃又謝不知汗出沾背愧不能對於是上亦問左丞相平平曰有主者上曰主者謂誰平曰陛下即問決獄責廷尉問錢穀責治粟內史上曰苟各有主者而君所主者何事也平謝曰主臣張晏曰若今人謝曰惶恐也馬融龍虎賦曰勇怯見之莫不主臣孟康曰主臣主羣臣也若今言人主也韋昭曰言主臣道不敢欺也陛下不知其駑下使待罪宰相宰相者上佐天子理陰陽順四時下育萬物之宜外鎮撫四

夷諸侯內親附百姓使卿大夫各得任其職焉孝文帝乃稱善右丞相大慙出而讓陳平曰君獨不素教我對陳平笑曰君居其位不知其任邪且陛下即問長安中盜賊數漢書音義曰頭數也君欲強對邪於是絳侯自知其能不如平遠矣居頃之絳侯謝病請免相陳平專為一丞相孝文帝二年丞相陳平卒謚為獻侯子共侯買代侯二年卒子簡侯恢代侯二十三年卒子何代侯二

十三年何坐略人妻弃市國除始陳平曰我多陰謀是道家之所禁吾世即廢亦已矣終不能復起以吾多陰禍也然其後曾孫陳掌以衛氏親貴戚願得續封陳氏然終不得徐廣曰陳掌者衛青之子壻

太史公曰陳丞相平少時本好黄帝老子之術方其割肉俎上之時其意固已遠矣傾側擾攘楚魏之閒卒歸高帝常出奇計救紛糾之難振國家之患及呂后時事多

故矣然平竟自脫定宗廟以榮名終稱賢
相豈不善始善終哉非知謀孰能當此者乎

陳丞相世家第二十六

劉敬叔孫通列傳第三十九　史記九十九

劉敬者齊人也漢五年戍隴西過洛陽高帝在焉婁敬脫輓輅（蘇林曰一木橫鹿車前一人推之孟康曰輅音胡格切輓音晚）衣其羊裘見齊人虞將軍曰臣願見上言便事虞將軍欲與之鮮衣婁敬曰臣衣帛衣帛見衣褐衣褐見終不敢易衣於是虞將軍入言上上召入見賜食已而問婁敬婁敬說曰陛下都洛陽豈欲與周室比隆哉上曰然婁敬曰陛下取天下與周室

異周之先自后稷堯封之邰積德累善十有餘世公劉避桀居豳大王以狄伐故去豳杖馬箠居岐（張晏曰言馬箠示約）國人爭隨之及文王爲西伯斷虞芮之訟始受命呂望伯夷自海濱來歸之武王伐紂不期而會孟津之上八百諸侯皆曰紂可伐矣遂滅殷成王即位周公之屬傅相焉迺營成周洛邑以此爲天下之中也諸侯四方納貢職道里均矣有德則易以王無德則易以亡

凡居此者欲令周務以德致人不欲依阻險令後世驕奢以虐民也及周之盛時天下和洽四夷鄉風慕義懷德附離而並事天子莊子曰附離不以膠漆也不屯一卒不戰一士八夷大國之民莫不賓服効其貢職及周之衰也分而爲兩天下莫朝周不能制也非其德薄也而形勢弱也今陛下起豐擊沛收卒三千人以之徑往而卷蜀漢定三秦與項羽戰滎陽爭成臯之口大戰七十小戰

四十使天下之民肝腦塗地父子暴骨中野不可勝數哭泣之聲未絕傷痍者未起而欲比隆於成康之時臣竊以爲不侔也且夫秦地被山帶河四塞以爲固卒然有急百萬之衆可具也因秦之故資甚美膏腴之地此所謂天府者也陛下入關而都之山東雖亂秦之故地可全而有也夫與人鬭不搤其肮張晏曰肮喉嚨也拊其背未能全其勝也今陛下入關而都案秦之故地此亦搤

天下之肮而拊其背也高帝問羣臣羣臣
皆山東人爭言周王數百年秦二世即亡
不如都周上疑未能決及留侯明言入關
便即日車駕西都關中於是上曰本言都
秦地者婁敬婁者乃劉也賜姓劉氏拜爲
郎中號爲奉春君漢七年韓王信反高帝
自往擊之至晉陽聞信與匈奴欲共擊漢
上大怒使人使匈奴匈奴匿其壯士肥牛
馬但見老弱及羸畜使者十輩來皆言匈

奴可擊上使劉敬復往使匈奴還報曰兩
國相擊此宜夸矜見所長韋昭曰夸張矜大也今臣往
徒見羸瘠老弱此必欲見短伏奇兵以爭
利愚以爲匈奴不可擊也是時漢兵已踰
句注二十餘萬兵已業行上怒罵劉敬曰
齊虜以口舌得官今迺妄言沮吾軍械繫
敬廣武遂往至平城匈奴果出奇兵圍高
帝白登七日然後得解高帝至廣武赦敬
曰吾不用公言以困平城吾皆已斬前使

十輩言可擊者矣廼封敬二千戶爲關內
侯號爲建信侯高帝罷平城歸韓王信亡
入胡當是時冒頓爲單于兵強控弦三十
萬（應劭曰控引）數苦北邊上患之問劉敬劉敬
曰天下初定士卒罷於兵未可以武服也
冒頓殺父代立妻羣母以力爲威未可以
仁義說也獨可以計久遠子孫爲臣耳然
恐陛下不能爲上曰誠可何爲不能顧爲
柰何劉敬對曰陛下誠能以適長公主妻

之厚奉遺之彼知漢適女送厚蠻夷必慕
以爲閼氏生子必爲太子代單于何者貪
漢重幣陛下以歲時漢所餘彼所鮮數問
遺因使辯士風諭以禮節冒頓在固爲子
壻死則外孫爲單于豈嘗聞外孫敢與大
父抗禮者哉兵可無戰以漸臣也若陛下
不能遣長公主而令宗室及後宮許稱公
主彼亦知不肯貴近無益也高帝曰善欲
遣長公主呂后日夜泣曰妾唯太子一女

柰何棄之匈奴上竟不能遣長公主而取家人子名爲長公主妻單于使劉敬往結和親約劉敬從匈奴來因言匈奴河南白羊樓煩王張晏曰白羊匈奴國名去長安近者七百里輕騎一日一夜可以至秦中秦中新破少民地肥饒可益實夫諸侯初起時非齊諸田楚昭屈景莫能興今陛下雖都關中實少人北近胡寇東有六國之族宗強一日有變陛下亦未得高枕而卧也臣願陛下

徙齊諸田楚昭屈景燕趙韓魏後及豪桀名家居關中無事可以備胡諸侯有變亦足率以東伐此強本弱末之術也上曰善迺使劉敬徙所言關中十餘萬口

叔孫通者（晉灼曰楚漢春秋名何）薛人也秦時以文學徵待詔博士數歲陳勝起山東使者以聞二世召博士諸儒生問曰楚戍卒攻蘄入陳於公如何博士諸生三十餘人前曰人臣無將將即反罪死無赦（瓚曰將謂逆亂也公羊傳曰君親無將將）

而必誅願陛下急發兵擊之二世怒作色叔孫通前曰諸生言皆非也夫天下合爲一家毀郡縣城鑠其兵示天下不復用且明主在其上法令具於下使人人奉職四方輻輳安敢有反側此特羣盜鼠竊狗盜耳何足置之齒牙間郡守尉今捕論何足憂二世喜曰善盡問諸生諸生或言反或言盜於是二世令御史案諸生言反者下吏非所宜言諸言盜者皆罷之廼賜叔孫通

帛二十匹衣一襲拜爲博士叔孫通已出宮反舍諸生曰先生何言之諛也通曰公不知也我幾不脫於虎口廼亡去之薛薛巳降楚矣及項梁之薛叔孫通從之敗於定陶從懷王懷王爲義帝徙長沙叔孫通留事項王漢二年漢王從五諸侯入彭城叔孫通降漢王漢王敗而西因竟從漢叔孫通儒服漢王憎之廼變其服服短衣楚製漢王喜叔孫通之降漢從儒生弟子百

餘人然通無所言進專言諸故羣盜壯士進之弟子皆竊罵曰事先生數歲幸得從降漢今不能進臣等專言大猾何也叔孫通聞之迺謂曰漢王方蒙矢石爭天下漢書音義曰謂發石以投人諸生寧能鬭乎故先言斬將搴旗之士張晏曰搴卷也瓚曰拔取曰搴楚辭曰朝搴阰之木蘭諸生且待我我不忘矣漢王拜叔孫通爲博士號稷嗣君徐廣曰蓋言其德業足以繼蹤齊稷下之風流也駰案漢書音義曰稷嗣邑名漢五年已并天下諸侯共尊漢王爲皇帝於定陶

叔孫通就其儀號高帝悉去秦苛儀法爲
簡易羣臣飲酒爭功醉或妄呼拔劒擊柱
高帝患之叔孫通知上益厭之也說上曰
夫儒者難與進取可與守成臣願徵魯諸
生與臣弟子共起朝儀高帝曰得無難乎
叔孫通曰五帝異樂三王不同禮禮者因
時世人情爲之節文者也故夏殷周之禮
所因損益可知者謂不相復也臣願頗采
古禮與秦儀雜就之上曰可試爲之令易

知度吾所能行爲之於是叔孫通使徵魯諸生三十餘人魯有兩生不肯行曰公所事者且十主皆面諛以得親貴今天下初定死者未葬傷者未起又欲起禮樂禮樂所由起積德百年而後可興也吾不忍爲公所爲公所爲不合古吾不行公往矣無汙我叔孫通笑曰若眞鄙儒也不知時變遂與所徵三十人西及上左右爲學者與其弟子百餘人爲綿蕞徐廣曰表位標準音子外切駰案如淳曰

置設綿索爲習肄處蕞謂以茅翦樹地爲纂位春秋傳曰置茅蕝也野外習之月餘叔孫通曰上可試觀上既觀使行禮曰吾能爲此迺令羣臣習肄會十月漢七年長樂宮成諸侯羣臣皆朝十月儀先平明謁者治禮引以次入殿門廷中陳車騎步卒衛宮設兵張旗志徐廣曰一作幟傳言趨殿下郎中俠陛陛數百人功臣列侯諸將軍軍吏以次陳西方東鄉文官丞相以下陳東方西鄉大行設九賓臚句傳漢書音義曰傳從上下爲臚

於是皇帝輦出房百官執職〔徐廣曰一作幟〕傳警引諸侯王以下至吏六百石以次奉賀自諸侯王以下莫不振恐肅敬至禮畢復置法酒〔文穎曰作酒令法也蘇林曰常會須天子中起更衣然後入置酒矣〕諸侍坐殿上皆伏抑首〔如淳曰抑屈〕以尊卑次起上壽觴九行謁者言罷酒御史執法舉不如儀者輒引去竟朝置酒無敢讙譁失禮者於是高帝曰吾迺今日知爲皇帝之貴也迺拜叔孫通爲太常賜金五百斤叔孫通因進

曰諸弟子儒生隨臣久矣與臣共爲儀願
陛下官之高帝悉以爲郎叔孫通出皆以
五百斤金賜諸生諸生迺皆喜曰叔孫生
誠聖人也知當世之要務漢九年高帝徙
叔孫通爲太子太傅漢十二年高祖欲以
趙王如意易太子叔孫通諫上曰昔者晉
獻公以驪姬之故廢太子立奚齊晉國亂
者數十年爲天下笑秦以不早定扶蘇令
趙高得以詐立胡亥自使滅祀此陛下所

親見今太子仁孝天下皆聞之呂后與陛下攻苦食啖徐廣曰攻猶今人言擊也啖一作淡駰案如淳曰食無菜茹爲啖其可背哉陛下必欲廢適而立少臣願先伏誅以頸血汙地高帝曰公罷矣吾直戲耳叔孫通曰太子天下本本一搖天下振動柰何以天下爲戲高帝曰吾聽公言及上置酒見留侯所招客從太子入見上迺遂無易太子志矣高帝崩孝惠即位迺謂叔孫生曰先帝園陵寢廟羣臣莫能習徙爲

太常定宗廟儀法及稍定漢諸儀法漢諸儀法皆叔孫生爲太常所論箸也孝惠帝爲東朝長樂宮關中記曰長樂宮本秦之興樂宮也漢太后常居之及間往來數蹕煩人迺作復道方築武庫南韋昭曰閣道也如淳曰作復道方始築武庫南叔孫生奏事因請間曰陛下何自築復道高寢衣冠月出游高廟高廟漢太祖柰何令後世子孫乘廟道上行哉應劭曰月出高帝衣冠備法駕名曰游衣冠如淳曰三輔黃圖高寢在高廟西高祖衣冠藏在高寢月出游於高廟其道值所作復道故言乘宗廟道上行孝惠帝大懼曰急

壞之叔孫生曰人主無過舉今已作百姓
皆知之今壞此則示有過舉願陛下爲原
廟渭北衣冠月出游之益廣多宗廟大孝
之本也上迺詔有司立原廟原廟起以複
道故孝惠帝曾春出游離宮叔孫生曰古
者有春嘗果方今櫻桃孰可獻願陛下出
因取櫻桃獻宗廟上迺許之諸果獻由此興
太史公曰語曰千金之裘非一狐之腋也
臺榭之榱非一木之枝三代之際非一士

之智也信哉夫高祖起微細定海内謀計
用兵可謂盡之矣然而劉敬脱輓輅一説
建萬世之安智豈可專邪叔孫通希世度
務制禮進退與時變化卒爲漢家儒宗大
直若詘道固委蛇蓋謂是乎

劉敬叔孫通列傳卷第三十九

季布欒布列傳第四十　史記一百

季布者楚人也爲氣任俠孟康曰信交道曰任如淳曰相與信爲任同是非爲俠所謂權行州里力折公侯者也或曰任氣力也俠俜也有名於楚項籍使將兵數窘漢王如淳曰窘困也及項羽滅高祖購求布千金敢有舍匿罪及三族季布匿濮陽周氏周氏曰漢購將軍急迹且至臣家將軍能聽臣臣敢獻計即不能願先自剄季布許之迺髡鉗季布衣褐衣置廣柳車中服虔曰東郡謂廣轍車爲柳鄧展曰皆棺飾也載以喪車欲人不知也李奇曰大斗車也車上覆爲

柳瓚曰茂陵書中有廣柳車每縣數百乘是今運轉大車是也并與其家僮數十人之魯朱家所賣之朱家心知是季布迺買而置之田誡其子曰田事聽此奴必與同食朱家迺乘軺車徐廣曰馬車也之洛陽見汝陰侯滕公滕公留朱家飲數日因謂滕公曰季布何大罪而上求之急也滕公曰布數爲項羽窘上上怨之故必欲得之朱家曰君視季布何如人也曰賢者也朱家曰臣各爲其主用季布爲項籍用職耳項氏

臣可盡誅邪今上始得天下獨以己之私怨求一人何示天下之不廣也且以季布之賢而漢求之急如此此不北走胡即南走越耳夫忌壯士以資敵國此伍子胥所以鞭荆平王之墓也君何不從容爲上言邪汝陰侯滕公心知朱家大俠意季布匿其所廼許曰諾待閒果言如朱家指上廼赦季布當是時諸公皆多季布能摧剛爲柔朱家亦以此名聞當世季布召見謝上

拜爲郎中孝惠時爲中郎將單于嘗爲書嫚呂后不遜呂后大怒召諸將議之上將軍樊噲曰臣願得十萬衆橫行匈奴中諸將皆阿呂后意曰然季布曰樊噲可斬也夫高帝將兵四十餘萬衆困於平城今噲柰何以十萬衆橫行匈奴中面欺且秦以事於胡陳勝等起于今創痍未瘳噲又面諛欲搖動天下是時殿上皆恐太后罷朝遂不復議擊匈奴事季布爲河東守孝文

時人有言其賢者孝文召欲以爲御史大夫復有言其勇使酒難近至留邸一月見罷季布因進曰臣無功竊寵待罪河東陛下無故召臣此人必有以臣欺陛下者今臣至無所受事罷去此人必有毀臣者夫陛下以一人之譽而召臣以一人之毀而去臣臣恐天下有識聞之有以闚陛下也韋昭曰闚見陛下深淺也上默然慙良久曰河東吾股肱郡故時召君耳布辭之官楚人曹丘生辯

士數招權顧金錢孟康曰招來也以金錢事權貴而求得其形勢以自炫燿也文穎曰事權貴也與通勢以其所有辜較請託金錢以自顧事貴人趙同等徐廣曰漢書作趙談司馬遷以其父名談故改之與竇長君善季布聞之寄書諫竇長君曰吾聞曹丘生非長者勿與通及曹丘生歸欲得書請季布張晏曰欲使竇長君爲介於布請見竇長君曰季將軍不說足下足下無往固請書遂行使人先發書季布果大怒待曹丘曹丘至即揖季布曰楚人諺曰得黃金百斤不如得季布一諾足下何

以得此聲於梁楚閒哉且僕楚人足下亦楚人也僕游揚足下之名於天下顧不重邪何足下距僕之深也季布迺大說引入留數月爲上客厚送之季布名所以益聞者曹丘揚之也季布弟季心（徐廣曰一作子）氣蓋關中遇人恭謹爲任俠方數千里士皆爭爲之死嘗殺人亡之吳從袁絲匿長事袁絲弟畜灌夫籍福之屬嘗爲中司馬（如淳曰中尉之司馬）中尉郅都不敢不加禮少年多時時

竊籍其名以行當是時季心以勇布以諾著聞關中季布母弟丁公（晉灼曰楚漢春秋云薛人名固）爲楚將丁公爲項羽逐窘高祖彭城西短兵接高祖急顧丁公曰兩賢豈相厄哉於是丁公引兵而還漢王遂解去及項王滅丁公謁見高祖高祖以丁公徇軍中曰丁公爲項王臣不忠使項王失天下者迺丁公也遂斬丁公曰使後世爲人臣者無效丁公

欒布者梁人也始梁王彭越爲家人時嘗

與布游窮困賃傭於齊爲酒人保漢書音義曰酒家作保傭也可保信故謂之保數歲彭越去之巨野中爲盜而布爲人所略賣爲奴於燕爲其家主報仇燕將臧荼舉以爲都尉臧荼後爲燕王以布爲將及臧荼反漢擊燕虜布梁王彭越聞之廼言上請贖布以爲梁大夫使於齊未還漢召彭越責以謀反夷三族已而梟彭越頭於雒陽下詔曰有敢收視者輒捕之布從齊還奏事彭越頭下祠而哭之吏

捕布以聞上召布罵曰若與彭越反邪吾
禁人勿收若獨祠而哭之與越反明矣趣
亨之方提趣湯（徐廣曰趣一作走）布顧曰願一言而
死上曰何言布曰方上之困於彭城敗滎
陽成皐閒項王所以遂不能西徒以彭王
居梁地與漢合從苦楚也當是之時彭王
一顧與楚則漢破與漢而楚破且垓下之
會微彭王項氏不亡天下已定彭王剖符
受封亦欲傳之萬世今陛下一徵兵於梁

彭王病不行而陛下疑以爲反反形未見
以苛小徐廣曰小一作峭案誅滅之臣恐功臣人人
自危也今彭王已死臣生不如死請就亨
於是上廼釋布罪拜爲都尉孝文時爲燕
相至將軍布廼稱曰窮困不能辱身下志
非人也富貴不能快意非賢也於是嘗有
德者厚報之有怨者必以法滅之吳軍反
時以軍功封俞侯徐廣曰擊齊有功也復爲燕相燕齊
之間皆爲欒布立社號曰欒公社景帝中

五年薨子賁嗣爲太常犧牲不如令國除
太史公曰以項羽之氣而季布以勇顯於
楚身屨典軍（徐廣曰屨一作屢一曰覆駰案孟康曰屨履蹈之也瓚曰屢數也）
搴旗者數矣可謂壯士然至被刑戮爲人
奴而不死何其下也彼必自負其材故受
辱而不羞欲有所用其未足也故終爲漢
名將賢者誠重其死夫婢妾賤人感慨而
自殺者（徐廣曰或作槪字音義同）非能勇也其計畫無復
之耳（徐廣曰復一作異）欒布哭彭越趣湯如歸者

彼誠知所處如淳曰非死者難處死者難不自重其死雖往古烈士何以加哉

季布欒布列傳第四十

魏其武安侯列傳第四十七　史記一百七

魏其侯竇嬰者孝文后從兄子也父世觀津人喜賓客孝文時嬰爲吳相病免孝景初即位爲詹事梁孝王者孝景弟也其母竇太后愛之梁孝王朝因昆弟燕飲是時上未立太子酒酣從容言曰千秋之後傳梁王太后驩竇嬰引卮酒進上曰天下者高祖天下父子相傳此漢之約也上何以得擅傳梁王太后由此憎竇嬰竇嬰亦薄

其官因病免太后除竇嬰門籍不得入朝請律諸侯春朝天子曰朝秋曰請孝景三年吳楚反上察宗室諸竇毋如竇嬰賢乃召嬰嬰入見固辭謝病不足任太后亦慚於是上曰天下方有急王孫寧可以讓邪漢書曰竇嬰字王孫乃拜嬰為大將軍賜金千斤竇嬰乃言袁盎欒布諸名將賢士在家者進之所賜金陳之廊廡下軍吏過輒令財取為用蘇林曰自令裁度取為用也金無入家者竇嬰守滎陽監齊趙兵七國兵

已盡破封嬰爲魏其侯諸游士賓客爭歸
魏其侯孝景時每朝議大事條侯魏其侯
諸列侯莫敢與亢禮孝景四年立栗太子
使魏其侯爲太子傅孝景七年栗太子廢
魏其數爭不能得魏其謝病屏居藍田南山
之下數月諸賓客辯士說之莫能來梁人
高遂乃說魏其曰能富貴將軍者上也能
親將軍者太后也今將軍傅太子太子廢
而不能爭爭不能得又弗能死自引謝病

擁趙女屛閒處而不朝相提而論（徐廣曰提音徒抵反）是自明揚主上之過有如兩宮螫將軍（張晏曰兩宮太后景帝也螫怒也毒蟲蠚怒必螫人又火各反）則妻子毋類矣魏其侯然之乃遂起朝請如故桃侯免相（服虔曰劉舍也）竇太后數言魏其侯孝景帝曰太后豈以爲臣有愛不相魏其魏其者沾沾（徐廣曰一作惦又昌兼反又當牒反）自喜耳多易（張晏曰沾沾言自整頓也多易多輕易之行也或曰沾音憺也）難以爲相持重遂不用用建陵侯衛綰爲丞相

武安侯田蚡者孝景后同母弟也生長陵魏其已為大將軍後方盛蚡為諸郎徐廣曰一云諸娘時人相號長老者為諸公年少者為諸卿如今人相號為士大夫未貴往來侍酒魏其跪起如子姪及孝景晚節蚡益貴幸為太中大夫蚡辯有口學槃盂諸書應劭曰黃帝史孔甲所作銘也凡二十六篇書槃盂中所為法戒諸書諸子文書也孟康曰孔甲槃盂二十六篇雜家書兼儒墨名法王太后賢之徐廣曰即蚡同母姊者孝景崩即日太子立稱制所鎮撫多有田蚡賓客計筴蚡弟田勝皆以太后弟孝景後三

年[徐廣曰孝景後三年即是孝武初嗣位之年也]封蚡爲武安侯勝爲周陽侯武安侯新欲用事爲相卑下賓客進名士家居者貴之欲以傾魏其諸將相建元元年丞相綰病免上議置丞相太尉籍福說武安侯曰魏其貴久矣天下士素歸之今將軍初興未如魏其即上以將軍爲丞相必讓魏其魏其爲丞相將軍必爲太尉太尉丞相尊等耳又有讓賢名武安侯乃微言太后風上於是乃以魏其侯爲

丞相武安侯爲太尉籍福賀魏其侯因弔
曰君侯資性喜善疾惡方今善人譽君侯
故至丞相然君侯且疾惡惡人衆亦且毀
君侯君侯能兼容則幸久不能今以毀去
矣魏其不聽魏其武安俱好儒術推轂趙
綰爲御史大夫王臧爲郎中令迎魯申公
欲設明堂令列侯就國除關以禮爲服制
以興太平舉適諸竇宗室毋節行者除其
屬籍時諸外家爲列侯列侯多尚公主皆

不欲就國以故毀日至竇太后太后好黃老之言而魏其武安趙綰王臧等務隆推儒術貶道家言是以竇太后滋不說魏其等及建元二年御史大夫趙綰請無奏事東宮（韋昭曰欲奪其政也）竇太后大怒乃罷逐趙綰王臧等而免丞相太尉以柏至侯許昌為丞相武彊侯莊青翟為御史大夫魏其武安由此以侯家居武安侯雖不任職以王太后故親幸數言事多效天下吏士趨勢利

者皆去魏其歸武安武安日益橫建元六年竇太后崩丞相昌御史大夫青翟坐喪事不辦免以武安侯蚡爲丞相以大司農韓安國爲御史大夫天下士郡國諸侯愈益附武安武安者貌侵韋昭曰侵音寑短小也又云醜惡也刻确也音核生貴甚又以爲諸侯王多長張晏曰多長年上初即位富於春秋蚡以肺腑爲京師相非痛折節以禮詘之天下不肅當是時丞相入奏事坐語移日所言皆聽薦人或起家至

二千石權移主上上乃曰君除吏已盡未
吾亦欲除吏甞請考工地益宅漢書百官表曰少府有考工室如淳曰官名也上怒曰君何不遂取武庫是後乃
退甞召客飲坐其兄蓋侯徐廣曰王后兄王信也太山有蓋縣樂安有益縣也南鄉自坐東鄉以爲漢相尊不可以
兄故私橈武安由此滋驕治宅甲諸弟徐廣曰爲諸弟之上也田園極膏腴而市買郡縣器物相
屬於道前堂羅鐘鼓立曲旃如淳曰旃旗之名通帛曰旃曲旃僣也蘇林曰禮大夫立曲旃曲柄上曲也後房婦女以百數諸侯奉金

玉狗馬玩好不可勝數魏其失竇太后益疏不用無勢諸客稍稍自引而怠傲唯灌將軍獨不失故魏其日默默不得志而獨厚遇灌將軍

灌將軍夫者潁陰人也夫父張孟嘗爲潁陰侯嬰舍人得幸因進之至二千石故蒙灌氏姓爲灌孟吳楚反時潁陰侯灌何爲將軍屬太尉請灌孟爲校尉夫以千人與父俱漢書音義曰官主千人如候司馬灌孟年老潁陰侯彊

請之鬱鬱不得意故戰常陷堅遂死吳軍中軍法父子俱從軍有死事得與喪歸灌夫不肯隨喪歸奮曰張晏曰自奮勵也願取吳王若將軍頭以報父之仇於是灌夫被甲持戟募軍中壯士所善願從者數十人及出壁門莫敢前獨二人及從奴十數騎馳入吳軍至吳將麾下所殺傷數十人不得前復馳還走入漢壁皆亡其奴獨與一騎歸夫身中大創十餘適有萬金良藥故得無死

夫創少瘳又復請將軍曰吾益知吳壁中
曲折請復往將軍壯義之恐亡夫乃言太
尉太尉乃固止之吳已破灌夫以此名聞
天下潁陰侯言之上上以夫爲中郎將數
月坐法去後家居長安長安中諸公莫弗
稱之孝景時至代相孝景崩今上初即位
以爲淮陽天下交勁兵處故徙夫爲淮陽
太守建元元年入爲太僕二年夫與長樂
衛尉竇甫飲輕重不得（晉灼曰飲酒輕重不得其平也）夫醉

搏甫甫竇太后昆弟也上恐太后誅夫徙
爲燕相數歲坐法去官家居長安灌夫爲
人剛直使酒不好面諛貴戚諸有勢在己
之右不欲加禮必陵之諸士在己之左愈
貧賤尤益敬與鈞稠人廣衆薦寵下輩士
亦以此多之夫不喜文學好任俠已然諾
諸所與交通無非豪傑大猾家累數千萬
食客日數十百人陂池田園宗族賓客爲
權利橫於潁川潁川兒乃歌之曰潁水清

灌氏寧潁水濁灌氏族灌夫家居雖富然失勢卿相侍中賓客益衰及魏其侯失勢亦欲倚灌夫引繩批根生平慕之後棄之者（蘇林曰二人相倚引繩直之意批根賓客也去之者不與交通孟康曰根根栝引繩以持彈）灌夫亦倚魏其而通列侯宗室爲名高兩人相爲引重（張晏曰相薦達爲聲勢）其游如父子然相得驩甚無猒恨相知晚也灌夫有服過丞相丞相從容曰吾欲與仲孺過魏其侯（漢書曰灌夫字仲孺）會仲孺有服灌夫曰將軍乃肯幸臨

況魏其侯夫安敢以服爲解請語魏其侯帳具將軍旦日蚤臨武安許諾灌夫具語魏其侯如所謂武安侯魏其與其夫人益市牛酒夜灑埽早帳具至旦平明令門下候伺至日中丞相不來魏其謂灌夫曰丞相豈忘之哉灌夫不懌曰夫以服請宜往徐廣曰一云以服請不宜往乃駕自往迎丞相丞相特前戲許灌夫殊無意往及夫至門丞相尚卧於是夫入見曰將軍昨日幸許過魏其魏其

夫妻治具自旦至今未敢嘗食武安鄂徐廣
曰一作悟謝曰吾昨日醉忽忘與仲孺言乃駕往
又徐行灌夫愈益怒及飲酒酣夫起舞屬
丞相丞相不起夫從坐上語侵之魏其乃
扶灌夫去謝丞相丞相卒飲至夜極驩而
去丞相嘗使籍福請魏其城南田魏其大
望曰老僕雖棄將軍雖貴寧可以勢奪乎
不許灌夫聞怒罵籍福籍福惡兩人有郄
乃謾自好謝丞相曰魏其老且死易忍且

待之已而武安聞魏其灌夫實怒不予田亦怒曰魏其子嘗殺人蚡活之蚡事魏其無所不可何愛數頃田且灌夫何與也吾不敢復求田武安由此大怨灌夫魏其元光四年春（徐廣曰疑此當是三年也其說在後）丞相言灌夫家在潁川橫甚民苦之請案上曰此丞相事何請灌夫亦持丞相陰事為姦利受淮南王金與語言賓客居閒遂止俱解夏丞相取燕王女為夫人有太后詔召列侯宗室皆

往賀魏其侯過灌夫欲與俱夫謝曰夫數以酒失得過丞相丞相今者又與夫有郄魏其曰事已解彊與俱飲酒酣武安起為壽如淳曰上酒為稱壽非大行酒坐皆避席伏已魏其侯為壽獨故人避席耳餘半膝席蘇林曰下席而膝半在席上如淳曰以膝跪席上也灌夫不悅起行酒至武安武安膝席曰不能滿觴夫怒因嘻笑曰將軍貴人也屬之徐廣曰屬一作畢時武安不肯行酒次至臨汝侯徐廣曰灌嬰孫名賢也臨汝侯方與程不識耳語

又不避席夫無所發怒乃罵臨汝侯曰生平毀程不識不直一錢今日長者爲壽乃效女兒呫囁耳語韋昭曰呫囁附耳小語聲武安謂灌夫曰程李俱東西宮衛尉漢書音義曰李廣爲東宮程不識爲西宮今衆辱程將軍仲孺獨不爲李將軍地乎如淳曰李將軍李廣也猶今人言爲除地也灌夫曰今日斬頭陷胷何知程李乎坐乃起更衣稍稍去魏其侯去麾灌夫出武安遂怒曰此吾驕灌夫罪乃令騎留灌夫灌夫欲出不得籍福起爲謝

案灌夫項令謝夫愈怒不肯謝武安乃麾騎縛夫置傳舍召長史曰今日召宗室有詔劾灌夫罵坐不敬繫居室如淳曰百官表居室爲保宮今守宮也遂案其前事遣吏分曹逐捕諸灌氏支屬皆得棄市罪魏其侯大媿爲資使賓客請莫能解如淳曰爲出資費使人爲夫言武安吏皆爲耳目諸灌氏皆亡匿夫繫遂不得告言武安陰事魏其銳身爲救灌夫夫人諫魏其曰灌將軍得罪丞相與太后家忤寧可救邪

魏其侯曰侯自我得之自我捐之無所恨
且終不令灌仲孺獨死嬰獨生乃匿其家
晉灼曰恐其夫人復諫止也竊出上書立召入具言灌夫
醉飽事不足誅上然之賜魏其食曰東朝
廷辯之如淳曰東朝太后朝魏其之東朝盛推灌夫之
善言其醉飽得過乃丞相以佗事誣罪之
武安又盛毁灌夫所爲横恣罪逆不道魏
其度不可奈何因言丞相短武安曰天下
幸而安樂無事蚡得爲肺腑所好音樂狗

馬田宅蚡所愛倡優巧匠之屬今如魏其灌夫日夜招聚天下豪傑壯士與論議腹誹而心謗不仰視天而俯畫地張晏曰視天占三光也畫地知分野所在也畫地諭欲作反事辟倪兩宮間徐廣曰辟音芳細反倪音詣張晏曰占太后與帝吉凶之期幸天下有變而欲有大功張晏曰幸爲反者當得爲大將立功也瓚曰天下有變謂天子崩因變難之際得立大功臣乃不如魏其等所爲於是上問朝臣兩人孰是御史大夫韓安國曰魏其言灌夫父死事身荷戟馳入不測之吳軍身被數十創名冠三軍

此天下壯士非有大惡爭杯酒不足引佗過以誅也魏其言是也丞相亦言灌夫通姦猾侵細民家累巨萬橫恣潁川淩轢宗室侵犯骨肉此所謂枝大於本脛大於股不折必披丞相言亦是唯明主裁之主爵都尉汲黯是魏其內史鄭當時是魏其後不敢堅餘皆莫敢對上怒內史曰公平生數言魏其武安長短今日廷論局趣效轅下駒張晏曰俛頭於車轅下隨母而已瓚曰小馬在轅下吾并斬若屬矣

即罷起入上食太后太后亦已使人候伺
具以告太后太后怒不食曰今我在也而
人皆藉吾弟令我百歲後皆魚肉之矣且
帝寧能爲石人邪此特帝在即錄錄設百
歲後是屬寧有可信者乎上謝曰俱宗室
外家故廷辯之不然此一獄吏所決耳是
時郎中令石建爲上分别言兩人事武安
已罷朝出止車門召韓御史大夫載怒曰
與長孺共一老秃翁何爲首鼠兩端漢書音義

曰禿老公言嬰無官位板授也首鼠一前一郤也韓御史良久謂丞相曰

君何不自喜蘇林曰何不自解釋爲喜樂耶夫魏其毀君君

當免冠解印綬歸曰臣以肺腑幸得待罪

固非其任魏其言皆是如此上必多君有

讓不廢君魏其必內愧杜門齰舌自殺今

人毀君君亦毀之譬如賈豎女子爭言何

其無大體也武安謝罪曰爭時急不知出

此於是上使御史簿責魏其所言灌夫頗

不讎欺謾劾繫都司空孝景時魏其常受

遺詔曰事有不便以便宜論上及繫灌夫罪至族事日急諸公莫敢復明言於上魏其乃使昆弟子上書言之幸得復召見書奏上而案尚書大行如淳曰大行主諸侯官也無遺詔詔書獨藏魏其家家丞封漢書音義曰以家臣印封遺詔乃劾魏其矯先帝詔罪當棄市五年十月徐廣曰疑非五年亦非十月悉論灌夫及家屬魏其良久乃聞聞即恚病痱不食欲死或聞上無意殺魏其魏其復食治病議定不死矣乃有蜚語

爲惡言聞上張晏曰蚡僞作飛揚誹謗之語故以十二月晦徐廣曰疑非十二月也駰案張晏曰月晦者春垂至也論棄市渭城其春武安侯病專呼服謝罪漢書音義曰言蚡號呼謝服罪也使巫視鬼者視之見魏其灌夫共守欲殺之竟死子恬嗣徐廣曰蚡疾見魏其灌夫鬼殺之則其春共在一春內耶武帝本紀四年三月乙卯田蚡薨嬰死在蚡薨之前何復云五年十二月耶疑十二月當爲二月耶案侯表蚡事武帝九年而卒元光四年侯恬之元年建元元年訖元光三年而九年大臣表蚡以元光四年卒亦云嬰四年棄市未詳此正安在然蚡薨在嬰死後分明元朔三年武安侯坐衣襜褕入宮不敬徐廣曰表云坐衣不敬國除淮南王安謀反覺治王前朝

徐廣曰建元二年武安侯爲太尉時迎王至霸上謂王曰上未有太子大王最賢高祖孫即宮車晏駕非大王立當誰哉淮南王大喜厚遺金財物上自魏其時不直武安特爲太后故耳及聞淮南王金事上曰使武安侯在者族矣

太史公曰魏其武安皆以外戚重灌夫用一時決筴而名顯魏其之舉以吳楚武安之貴在日月之際然魏其誠不知時變灌

夫無術而不遜兩人相翼乃成禍亂武安負貴而好權杯酒責望陷彼兩賢嗚呼哀哉遷怒及人命亦不延衆庶不載竟被惡言嗚呼哀哉禍所從來矣

魏其武安侯列傳第四十七

韓長孺列傳第四十八　史記一百八

御史大夫韓安國者梁城安人也徐廣曰在汝潁之間也後徙睢陽嘗受韓子雜家說於騶田生所事梁孝王爲中大夫吳楚反時孝王使安國及張羽爲將扞吳兵於東界張羽力戰安國持重以故吳不能過梁吳楚已破安國張羽名由此顯梁孝王景帝母弟竇太后愛之令得自請置相二千石出入游戲僭於天子天子聞之心弗善也太后知

帝不善乃怒梁使者弗見案責王所爲韓
安國爲梁使見大長公主（徐廣曰景帝姊）而泣曰
何梁王爲人子之孝爲人臣之忠而太后
曾弗省也夫前日吳楚齊趙七國反時自
關以東皆合從西鄉惟梁最親爲艱難梁
王念太后帝在中而諸侯擾亂一言泣數
行下跪送臣等六人將兵擊卻吳楚吳楚
以故兵不敢西而卒破亡梁王之力也今
太后以小節苛禮責望梁王梁王父兄皆

帝王所見者大故出稱蹕入言警車旗皆帝所賜也即欲以侘（丑亞反誇也）鄙縣（徐廣曰侘一作絎也）驅馳國中以夸諸侯令天下盡知太后帝愛之也今梁使來輒案責之梁王恐日夜涕泣思慕不知所爲何梁王之爲子孝爲臣忠而太后弗恤也大長公主具以告太后太后喜曰爲言之帝言之帝心乃解而免冠謝太后曰兄弟不能相教乃爲太后遺憂悉見梁使厚賜之其後梁王益親驩太

后長公主更賜安國可直千餘金名由此顯結於漢其後安國坐法抵罪蒙（蒙縣名）獄史田甲辱安國安國曰死灰獨不復然乎田甲曰然即溺之居無何梁內史缺漢使使者拜安國爲梁內史起徒中爲二千石田甲亡走安國曰甲不就官我滅而宗甲因肉袒謝安國笑曰可溺矣公等足與治乎卒善遇之梁內史之缺也孝王新得齊人公孫詭說之欲請以爲內史竇太后聞

乃詔王以安國爲內史公孫詭羊勝說孝王求爲帝太子及益地事恐漢大臣不聽乃陰使人刺漢用事謀臣及故吳相袁盎景帝遂聞詭勝等計畫乃遣使捕詭勝必得漢使十輩至梁相以下舉國大索月餘不得內史安國聞詭勝匿孝王所安國入見王而泣曰主辱臣死大王無良臣故事紛紛至此今詭勝不得請辭賜死王曰何至此安國泣數行下曰大王自度於皇帝

孰與太上皇之與高皇帝及皇帝之與臨江王親孝王曰弗如也安國曰夫太上臨江親父子之閒然而高帝曰提三尺劒取天下者朕也故太上皇終不得制事居于櫟陽臨江王適長太子也以一言過廢王臨江（如淳曰景帝嘗屬諸姬太子母栗姬言不遜由是廢太子栗姬憂死）用宮垣事卒自殺中尉府何者治天下終不以私亂公語曰雖有親父安知其不爲虎雖有親兄安知其不爲狼今大王列在諸侯悅一

邪臣浮說犯上禁橈明法天子以太后故不忍致法於王太后日夜涕泣幸大王自改而大王終不覺寤有如太后宮車即晏駕大王尚誰攀乎語未卒孝王泣數行下謝安國曰吾今出詭勝詭勝自殺漢使還報梁事皆得釋安國之力也於是景帝太后益重安國孝王卒共王即位安國坐法失官居家建元中武安矦田蚡爲漢太尉親貴用事安國以五百金物遺蚡蚡言安

國太后天子亦素聞其賢即召以爲北地都尉遷爲大司農閩越東越相攻安國及大行王恢將兵未至越越殺其王降漢兵亦罷建元六年武安侯爲丞相安國爲御史大夫匈奴來請和親天子下議大行王恢燕人也數爲邊吏習知胡事議曰漢與匈奴和親率不過數歲即復倍約不如勿許興兵擊之安國曰千里而戰兵不獲利今匈奴負戎馬之足懷禽獸之心遷徙鳥

擧難得而制也得其地不足以爲廣有其衆不足以爲彊自上古不屬爲人漢數千里爭利則人馬罷虜以全制其敝且彊弩之極矢不能穿魯縞許慎曰魯之縞尤薄衝風之末力不能漂鴻毛非初不勁末力衰也擊之不便不如和親羣臣議者多附安國於是上許和親其明年則元光元年鴈門馬邑豪聶翁壹張晏曰豪猶帥也因大行王恢言上曰匈奴初和親親信邊可誘以利陰使聶翁

壹為閒亡入匈奴謂單于曰吾能斬馬邑令丞吏以城降財物可盡得單于愛信之以為然許聶翁壹聶翁壹乃還詐斬死罪囚縣其頭馬邑城示單于使者為信曰馬邑長吏已死可急來於是單于穿塞將十餘萬騎入武州塞徐廣曰在鴈門當是時漢伏兵車騎材官三十餘萬匿馬邑旁谷中衛尉李廣為驍騎將軍漢書曰北貉燕人來致驍騎應劭曰驍健也張晏曰驍勇也若六博之梟矣太僕公孫賀為輕車將軍大行王恢

爲將屯將軍太中大夫李息爲材官將軍御
史大夫韓安國爲護軍將軍諸將皆屬護軍
約單于入馬邑而漢兵縱發王恢李息李廣
別從代主擊其輜重於是時單于入漢長城
武州塞未至馬邑百餘里行掠鹵徒見畜牧
於野不見一人單于怪之攻烽燧得武州尉史
欲刺問尉史尉史曰漢兵數十萬伏馬邑下
單于顧謂左右曰幾爲漢所賣乃引兵還出
塞曰吾得尉史乃天也命尉史爲天王塞下

傳言單于已引去漢兵追至塞度弗及即罷王恢等兵三萬聞單于不與漢合度往擊輜重必與單于精兵戰漢兵勢必敗則以便宜罷兵皆無功天子怒王恢不出擊單于輜重擅引兵罷也恢曰始約虜入馬邑城兵與單于接而臣擊其輜重可得利今單于聞不至而還臣以三萬人衆不適視取辱耳徐廣曰視一作祇也臣固知還而斬然得完陛下士三萬人於是下恢廷尉廷尉當恢逗橈當斬漢書音義曰逗曲行避敵也橈

顔望軍法語也恢私行千金丞相蚡蚡不敢言上而
言於太后曰王恢首造馬邑事今不成而
誅恢是爲匈奴報仇也上朝太后太后以
丞相言告上上曰首爲馬邑事者恢也故
發天下兵數十萬從其言爲此且縱單于
不可得恢所部擊其輜重猶頗可得以慰
士大夫心今不誅恢無以謝天下於是恢
聞之乃自殺安國爲人多大略智足以當
世取合而出於忠厚焉貪嗜於財然所推

舉皆廉士賢於己者也於梁舉壺遂臧固郅他皆天下名士士亦以此稱慕之唯天子以爲國器安國爲御史大夫四歲餘丞相田蚡死安國行丞相事奉引墮車蹇（如淳曰爲天子導引而墮車跛足）天子議置相欲用安國使使視之蹇甚乃更以平棘侯薛澤爲丞相安國病免數月蹇愈上復以安國爲中尉歲餘徙爲衛尉車騎將軍衛青擊匈奴（徐廣曰元光六年也）出上谷破胡蘢（音龍）城將軍李廣爲匈奴

所得復失之公孫敖大亡卒皆當斬贖爲
庶人明年匈奴大入邊殺遼西太守及入
鴈門所殺略數千人車騎將軍衛青擊之
出鴈門衛尉安國爲材官將軍屯於漁陽
安國捕生虜言匈奴遠去即上書言方田
作時請且罷軍屯罷軍屯月餘匈奴大入
上谷漁陽安國壁乃有七百餘人出與戰
不勝復入壁匈奴虜略千餘人及畜產而
去天子聞之怒使使責讓安國徙安國益

東屯右北平是時匈奴虜言當入東方安國始爲御史大夫及護軍後稍斥疏下遷而新幸壯將軍衛青等有功益貴安國既疏遠默默也將屯又爲匈奴所欺失亡多甚自愧幸得罷歸乃益東徙屯意忽忽不樂數月病歐血死安國以元朔二年中卒

太史公曰余與壺遂定律歷觀韓長孺之義壺遂之深中隱厚徐廣曰一云廉正忠厚世之言梁多長者不虛哉壺遂官至詹事天子方倚以

爲漢相會遂卒不然壺遂之內廉行脩斯
鞠躬君子也

韓長孺列傳第四十八

李將軍列傳第四十九　史記一百九

李將軍廣者隴西成紀人也其先曰李信秦時爲將逐得燕太子丹者也故槐里徙成紀廣家世世受射孝文帝十四年匈奴大入蕭關而廣以良家子從軍擊胡用善騎射殺首虜多爲漢中郎廣從弟李蔡亦爲郎皆爲武騎常侍秩八百石嘗從行有所衝陷折關及格猛獸而文帝曰惜乎子不遇時如令子當高帝時萬戶侯豈足道

哉及孝景初立廣爲隴西都尉徙爲騎郎將張晏曰爲武騎郎將吳楚軍時廣爲驍騎都尉從太尉亞夫擊吳楚軍取旗顯功名昌邑下以梁王授廣將軍印還賞不行文穎曰廣爲漢將私授梁印故不以賞也徙爲上谷太守匈奴日以合戰典屬國公孫昆邪昆音魂爲上泣曰李廣才氣天下無雙自負其能數與虜敵戰恐亡之於是乃徙爲上郡太守後廣轉爲邊郡太守徙上郡嘗爲隴西北地鴈門代郡雲中太守皆

以力戰爲名匈奴大入上郡天子使中貴
人從廣漢書音義曰內官之幸貴者勒習兵擊匈奴中貴
人將騎數十縱徐廣曰放縱馳騁見匈奴三人與戰
三人還射傷中貴人殺其騎且盡中貴人
走廣廣曰是必射雕者也文穎曰雕鳥也故使善射者射也
廣乃遂從百騎往馳三人三人亡馬步行
行數十里廣令其騎張左右翼而廣身自
射彼三人者殺其二人生得一人果匈奴
射雕者也已縛之上馬望匈奴有數千騎

見廣以爲誘騎皆驚上山陳廣之百騎皆
大恐欲馳還走廣曰吾去大軍數十里今
如此以百騎走匈奴追射我立盡今我留
匈奴必以我爲大軍誘之必不敢擊我廣
令諸騎曰前前未到匈奴陳二里所止令
曰皆下馬解鞍其騎曰虜多且近即有急
柰何廣曰彼虜以我爲走今皆解鞍以示
不走用堅其意於是胡騎遂不敢擊有白
馬將出護其兵李廣上馬與十餘騎奔射

殺胡白馬將而復還至其騎中解鞍令士
皆縱馬卧是時會暮胡兵終怪之不敢擊
夜半時胡兵亦以爲漢有伏軍於旁欲夜
取之胡皆引兵而去平旦李廣乃歸其大
軍大軍不知廣所之故弗從居久之孝景
崩武帝立左右以爲廣名將也於是廣以
上郡太守爲未央衛尉而程不識亦爲長
樂衛尉程不識故與李廣俱以邊太守將
軍屯及出擊胡而廣行無部伍行陣就善

水草屯舍止人人自便不擊刁斗以自衛孟康曰以銅作鐎器受一斗晝炊飯食夜擊持行夜名曰刁斗莫府省約文書籍事然亦遠斥候未嘗遇害程不識正部曲行伍營陳擊刁斗士吏治軍簿至明軍不得休息然亦未嘗遇害不識曰李廣軍極簡易然虜卒犯之無以禁也而其士卒亦佚樂咸樂爲之死我軍雖煩擾然虜亦不得犯我是時漢邊郡李廣程不識皆爲名將然匈奴畏李廣之略士卒亦多樂從

李廣而苦程不識程不識孝景時以數直
諫為太中大夫為人廉謹於文法後漢以
馬邑城誘單于使大軍伏馬邑旁谷而廣
為驍騎將軍領屬護軍將軍是時單于覺
之去漢軍皆無功其後四歲廣以衛尉為
將軍出鴈門擊匈奴匈奴兵多破敗廣軍
生得廣單于素聞廣賢令曰得李廣必生
致之胡騎得廣廣時傷病置廣兩馬間絡
而盛臥廣行十餘里廣佯死睨其旁有一

胡兒騎善馬廣暫騰而上胡兒馬因推墮兒（徐廣曰一云抱兒鞭馬南馳也）取其弓鞭馬南馳數十里復得其餘軍因引而入塞匈奴捕者騎數百追之廣行取胡兒弓射殺追騎以故得脫於是至漢漢下廣吏吏當廣所失亡多為虜所生得當斬贖為庶人頃之家居數歲廣家與故潁陰侯孫（孫灌嬰之孫名強）屏野居藍田南山中射獵嘗夜從一騎出從人田間飲還至霸陵亭霸陵尉醉呵止廣廣騎曰

故李將軍尉曰今將軍尚不得夜行何乃故也止廣宿亭下居無何匈奴入殺遼西太守敗韓將軍韓將軍後徙右北平蘇林曰韓安國於是天子乃召拜廣爲右北平太守廣即請霸陵尉與俱至軍而斬之廣居右北平匈奴聞之號曰漢之飛將軍避之數歲不敢入右北平廣出獵見草中石以爲虎而射之中石沒鏃徐廣曰一作沒羽視之石也因復更射之終不能復入石矣廣所居郡聞有虎

常自射之及居右北平射虎虎騰傷廣廣亦竟射殺之廣廉得賞賜輒分其麾下飲食與士共之終廣之身爲二千石四十餘年家無餘財終不言家產事廣爲人長猨臂如淳曰臂如猨通肩其善射亦天性也雖其子孫他人學者莫能及廣廣訥口少言與人居則畫地爲軍陳射闊狹以飲如淳曰射戲求踈密持酒以飲不勝者專以射爲戲竟死廣之將兵乏絕之處見水士卒不盡飲廣不近水士卒不盡食廣

不嘗食寬緩不苛士以此愛樂爲用其射見敵急非在數十步之內度不中不發發即應弦而倒用此其將兵數困辱其射猛獸亦爲所傷云居頃之石建卒於是上召廣代建爲郎中令元朔六年廣復爲後將軍從大將軍軍出定襄擊匈奴諸將多中首虜率以功爲侯者（如淳曰中猶充也本義法得首若干封侯）而廣軍無功後三歲廣以郎中令將四千騎出右北平博望侯張騫將萬騎與廣俱異道

行可數百里匈奴左賢王將四萬騎圍廣廣
廣軍士皆恐廣乃使其子敢往馳之敢獨
與數十騎馳直貫胡騎出其左右而還告
廣曰胡虜易與耳軍士乃安廣為圜陳外
嚮胡急擊之矢下如雨漢兵死者過半漢
矢且盡廣乃令士持滿毋發而廣身自以
大黃射其裨將徐廣曰南都賦曰黃間機張善弩之名駰案鄭德曰黃肩弩淵中黃朱之孟康曰太公六韜曰陷堅敗強敵用大黃連弩韋昭曰角弩色黃而體大也殺數人胡
虜益解會日暮吏士皆無人色而廣意氣

自如益治軍軍中自是服其勇也明日復
力戰而博望侯軍亦至匈奴軍乃解去漢
軍罷弗能追是時廣軍幾沒罷歸漢法博
望侯留遲後期當死贖爲庶人廣軍功自
如無賞初廣之從弟李蔡與廣俱事孝文
帝景帝時蔡積功勞至二千石孝武帝時
至代相以元朔五年爲輕車將軍從大將
軍擊右賢王有功中率封爲樂安侯元狩
二年中代公孫弘爲丞相蔡爲人在下中

名聲出廣下甚遠然廣不得爵邑官不過
九卿而蔡爲列侯位至三公諸廣之軍吏
及士卒或取封侯廣嘗與望氣王朔燕語
曰自漢擊匈奴而廣未嘗不在其中而諸
部校尉以下才能不及中人然以擊胡軍
功取侯者數十人而廣不爲後人然無尺
寸之功以得封邑者何也豈吾相不當侯
邪且固命也朔曰將軍自念豈嘗有所恨
乎廣曰吾嘗爲隴西守羌嘗反吾誘而降

降者八百餘人吾詐而同日殺之至今大恨獨此耳朔曰禍莫大於殺巳降此乃將軍所以不得侯者也後二歲大將軍驃騎將軍大出擊匈奴廣數自請行天子以爲老弗許良久乃許之以爲前將軍是歲元狩四年也廣既從大將軍青擊匈奴既出塞青捕虜知單于所居乃自以精兵走之而令廣并於右將軍軍（徐廣曰主爵趙食其爲右將軍）出東道東道少回遠而大軍行水草少其勢不

屯行張晏曰以水草少不可羣輩廣自請曰臣部爲前將軍今大將軍乃徙令臣出東道且臣結髮而與匈奴戰今乃一得當單于臣願居前先死單于大將軍青亦陰受上誡以爲李廣老數奇如淳曰數爲匈奴所敗奇爲不偶也毋令當單于恐不得所欲而是時公孫敖新失侯爲中將軍從大將軍大將軍亦欲使敖與俱當單于故徙前將軍廣廣時知之固自辭於大將軍大將軍不聽令長史封書與廣之莫府

曰急詣部如書廣不謝大將軍而起行意
甚慍怒而就部引兵與右將軍食其合軍
出東道軍亡導或失道後大將軍大將軍
與單于接戰單于遁走弗能得而還南絕
幕遇前將軍右將軍廣已見大將軍還入
軍大將軍使長史持糒醪遺廣因問廣食
其失道狀青欲上書報天子軍曲折廣未
對大將軍使長史急責廣之幕府對簿廣
曰諸校尉無罪乃我自失道吾今自上簿

至莫府廣謂其麾下曰廣結髮與匈奴大
小七十餘戰今幸從大将軍出接單于兵
而大将軍又徙廣部行回遠而又迷失道
豈非天哉且廣年六十餘矣終不能復對
刀筆之吏遂引刀自剄廣軍士大夫一軍
皆哭百姓聞之知與不知無老壯皆爲垂
涕而右将軍獨下吏當死贖爲庶人廣子
三人曰當戶椒敢爲郎天子與韓嫣戲嫣
少不遜當戶擊嫣嫣走於是天子以爲勇

當戶早死拜椒為代郡太守皆先廣死當戶有遺腹子名陵廣死軍時敢從驃騎將軍廣死明年李蔡以丞相坐侵孝景園壖地當下吏治蔡亦自殺不對獄國除李敢以校尉從驃騎將軍擊胡左賢王力戰奪左賢王鼓旗斬首多賜爵關內侯食邑二百戶代廣為郎中令頃之怨大將軍青之恨其父乃擊傷大將軍大將軍匿諱之居無何敢從上雍至甘泉宮獵驃騎將軍去

病與青有親射殺敢去病時方貴幸上諱云鹿觸殺之居歲餘去病死(徐廣曰元狩六年)而敢有女爲太子中人愛幸敢男禹有寵於太子然好利李氏陵遲衰微矣李陵既壯選爲建章監監諸騎善射愛士卒天子以爲李氏世將而使將八百騎嘗深入匈奴二千餘里過居延(徐廣曰屬張掖)視地形無所見虜而還拜爲騎都尉將丹陽楚人五千人敎射酒泉張掖以屯衛胡數歲天漢二年秋貳

師將軍李廣利將三萬騎擊匈奴右賢王
於祁連天山徐廣曰出燉煌至天山而使陵將其射士
步兵五千人出居延北可千餘里欲以分
匈奴兵毋令專走貳師也陵既至期還而
單于以兵八萬圍擊陵軍陵軍五千人兵
矢既盡士死者過半而所殺傷匈奴亦萬
餘人且引且戰連鬭八日還未到居延百
餘里匈奴遮狹絕道陵食乏而救兵不到
虜急擊招降陵陵曰無面目報陛下遂降

匈奴其兵盡沒餘亡散得歸漢者四百餘
人單于既得陵素聞其家聲及戰又壯乃
以其女妻陵而貴之漢聞族陵母妻子自
是之後李氏名敗而隴西之士居門下者
皆用爲恥焉
太史公曰傳曰其身正不令而行其身不
正雖令不從其李將軍之謂也余睹李將
軍悛悛如鄙人口不能道辭及死之日天
下知與不知皆爲盡哀彼其忠實心誠信

於士大夫也諺曰桃李不言下自成蹊此言
雖小可以諭大也

李將軍列傳第四十九

匈奴列傳第五十　史記一百一十

匈奴其先祖夏后氏之苗裔也曰淳維（漢書音義曰匈奴始祖名）唐虞以上有山戎獫狁葷粥（晉灼曰堯時曰葷粥周曰獫狁秦曰匈奴）居于北蠻隨畜牧而轉移其畜之所多則馬牛羊其奇畜則橐駞驢贏駃騠（徐廣曰北狄駿馬）騊駼（徐廣曰似馬而青）驒騱（徐廣曰音顛巨虛之屬）逐水草遷徙毋城郭常處耕田之業然亦各有分地毋文書以言語為約束兒能騎羊引弓射鳥鼠少長則射狐兎用為食士

力能彎弓盡爲甲騎其俗寬則隨畜因射獵禽獸爲生業急則人習戰攻以侵伐其天性也其長兵則弓矢短兵則刀鋋韋昭曰鋋形似矛鐵柄音時年反利則進不利則退不羞遁走苟利所在不知禮義自君王以下咸食畜肉衣其皮革被旃裘壯者食肥美老者食其餘貴壯健賤老弱父死妻其後母兄弟死皆取其妻妻之其俗有名不諱而無姓字漢書曰單于姓攣鞮氏

夏道衰而公劉失其稷官徐廣曰后

稷之曾孫變于西戎邑于豳其後三百有餘歲戎狄攻大王亶父徐廣曰公劉九世孫亶父亡走岐下而豳人悉從亶父而邑焉作周其後百有餘歲周西伯昌伐畎夷氏後十有餘年武王伐紂而營雒邑復居于酆鄗放逐戎夷涇洛之北以時入貢命曰荒服其後二百有餘年周道衰而穆王伐犬戎得四白狼四白鹿以歸自是之後荒服不至於是周遂作甫刑之辟穆王之後二百有餘年周

幽王用寵姬褒姒之故與申侯有郤申侯怒而與犬戎共攻殺周幽王于驪山之下（韋昭曰戎後來居此山故號曰驪戎）遂取周之焦穫而居于涇渭之間侵暴中國秦襄公救周於是周平王去豐鄗而東徙雒邑當是之時秦襄公伐戎至岐始列爲諸侯是後六十有五年而山戎越燕而伐齊齊釐公與戰于齊郊其後四十四年而山戎伐燕燕告急於齊齊桓公北伐山戎山戎走其後二十有餘

年而戎狄至洛邑伐周襄王襄王奔于鄭之氾邑初周襄王欲伐鄭故娶戎狄女爲后與戎狄兵共伐鄭已而黜狄后狄后怨而襄王後母曰惠后有子子帶欲立之於是惠后與狄后子帶爲內應開戎狄戎狄以故得入破逐周襄王而立子帶爲天子於是戎狄或居于陸渾徐廣曰一爲陸邑東至於衞侵盜暴虐中國中國疾之故詩人歌之曰戎翟是應薄伐獫狁至於太原毛詩傳曰言逐出之而已

出輿彭彭城彼朔方毛詩傳曰彭彭四馬貌朔方北方周襄王既居外四年乃使使告急于晉晉文公初立欲修霸業乃興師伐逐戎翟誅子帶迎内周襄王居于雒邑當是之時秦晉爲彊國晉文公攘戎翟居于河西圁洛之間徐廣曰圁在西河音銀洛在上郡馮翊間號曰赤翟白翟秦穆公得由余西戎八國服於秦故自隴以西有緜諸緄戎翟豲之戎徐廣曰在天水豲音丸岐梁山涇漆之北有義渠大荔徐廣曰後更名臨晉在馮翊烏氏徐廣曰在

安定朐衍之戎徐廣曰在北地朐音項于反而晉北有林胡樓
煩之戎燕北有東胡山戎漢書音義曰烏丸或云鮮卑各
分散居谿谷自有君長往往而聚者百有
餘戎然莫能相一自是之後百有餘年晉
悼公使魏絳和戎翟戎翟朝晉後百有餘
年趙襄子踰句注音鉤山名在鴈門而破并代以臨
胡貉其後既與韓魏共滅智伯分晉地而
有之則趙有代句注之北魏有河西上郡
以與戎界邊其後義渠之戎築城郭以自

守而秦稍蠶食至於惠王遂拔義渠二十
五城惠王擊魏魏盡入西河及上郡于秦
秦昭王時義渠戎王與宣太后昭王母也亂有
二子宣太后詐而殺義渠戎王於甘泉遂
起兵伐殘義渠於是秦有隴西北地上郡
築長城以拒胡而趙武靈王亦變俗胡服
習騎射北破林胡樓煩築長城自代並音傍
白浪反陰山下至高闕爲塞徐廣曰在朔方而置雲
中鴈門代郡其後燕有賢將秦開爲質於

胡胡甚信之歸而襲破走東胡東胡卻千餘里與荊軻刺秦王秦舞陽者開之孫也燕亦築長城自造陽（韋昭曰地名在上谷）至襄平置上谷漁陽右北平遼西遼東郡以距胡當是之時冠帶戰國七而三國邊於匈奴其後趙將李牧時匈奴不敢入趙邊後秦滅六國而始皇帝使蒙恬將十萬之衆北擊胡悉收河南地因河爲塞築四十四縣城臨河徙適（丁革反）戍以充之而通直道自九原

至雲陽因邊山險塹谿谷可繕者治之起
臨洮至遼東萬餘里又度河據陽山北假
中北假北方田官主以田假與貧人故云北假當是之時東胡彊而
月氏盛匈奴單于漢書音義曰單于者廣大之貌言其象天單于然曰
頭曼韋昭曰音瞞頭曼不勝秦北徙十餘年而蒙
恬死諸侯畔秦中國擾亂諸秦所徙適戍
邊者皆復去於是匈奴得寬復稍度河南
與中國界於故塞單于有太子名冒頓後
有所愛閼氏生少子而單于欲廢冒頓而

立少子乃使冒頓質於月氏冒頓旣質於月氏而頭曼急擊月氏月氏欲殺冒頓冒頓盜其善馬騎之亡歸頭曼以爲壯令將萬騎冒頓乃作爲鳴鏑（漢書音義曰鏑箭也如今鳴箭也韋昭曰矢鏑飛則鳴）習勒其騎射令曰鳴鏑所射而不悉射者斬之行獵鳥獸有不射鳴鏑所射者輒斬之已而冒頓以鳴鏑自射其善馬左右或不敢射者冒頓立斬不射善馬者居頃之復以鳴鏑自射其愛妻左右或頗恐

不敢射冒頓又復斬之居頃之冒頓出獵以鳴鏑射單于善馬左右皆射之於是冒頓知其左右皆可用從其父單于頭曼獵以鳴鏑射頭曼其左右亦皆隨鳴鏑而射殺單于頭曼遂盡誅其後母與弟及大臣不聽從者冒頓自立爲單于冒頓既立（徐廣曰秦二世元年壬辰歲立）是時東胡強盛聞冒頓殺父自立乃使使謂冒頓欲得頭曼時有千里馬冒頓問羣臣羣臣皆曰千里馬匈奴寶馬

也勿與冒頓曰奈何與人鄰國而愛一馬
乎遂與之千里馬居頃之東胡以爲冒頓
畏之乃使使謂冒頓欲得單于一閼氏冒
頓復問左右左右皆怒曰東胡無道乃求
閼氏請擊之冒頓曰奈何與人鄰國愛一
女子乎遂取所愛閼氏予東胡東胡王愈
益驕西侵與匈奴間中有棄地莫居千餘
里各居其邊爲甌脫（韋昭曰界上屯守處）東胡使使謂
冒頓曰匈奴所與我界甌脫外棄地匈奴

非能至也吾欲有之冒頓問羣臣羣臣或
曰此棄地予之亦可勿與亦可於是冒頓大
怒曰地者國之本也柰何予之諸言予之
者皆斬之冒頓上馬令國中有後者斬遂
東襲擊東胡東胡初輕冒頓不爲備及冒
頓以兵至擊大破滅東胡王而虜其民人
及畜產既歸西擊走月氏南并樓煩白羊
河南王侵燕代悉復收秦所使蒙恬所奪
匈奴地者與漢關故河南塞至朝那膚施徐廣

曰在上郡遂侵燕代是時漢兵與項羽相距中國罷於兵革以故冒頓得自強控弦之士三十餘萬自淳維以至頭曼千有餘歲時大時小別散分離尚矣其世傳不可得而次云然至冒頓而匈奴最強大盡服從北夷而南與中國為敵國其世傳國官號乃可得而記云置左右賢王左右谷蠡王服虔曰音鹿離左右大將左右大都尉左右大當戶左右骨都侯骨都異姓大臣匈奴謂賢曰屠耆徐廣

(曰屠作諸)故常以太子爲左屠耆王自如左右
賢以下至當戶大者萬騎小者數千凡二
十四長立號曰萬騎諸大臣皆世官呼衍
氏(呼衍氏須卜氏常與單于婚姻)蘭氏其後有須卜氏(須卜氏主
獄訟)此三姓其貴種也諸左方王將居東方
直上谷以往者東接穢貉朝鮮右方王將
居西方直上郡以西接月氏氐羌而單于
之庭直代雲中各有分地逐水草移徙而
左右賢王左右谷蠡王最爲大國左右骨

都侯輔政諸二十四長亦各自置千長百
長什長裨小王相封徐廣曰一作將都尉當戶且渠
之屬歲正月諸長小會單于庭祠五月大
會龍城祭其先天地鬼神秋馬肥大會蹛
音帶林漢書音義曰匈奴秋社八月中皆會祭處課校人畜計其法
拔刃尺者死坐盜者没入其家有罪小者
軋漢書音義曰刃刻其面大者死獄久者不過十日一
國之囚不過數人而單于朝出營拜日之
始生夕拜月其坐長左而北鄉日上戊己

其送死有棺槨金銀衣裘而無封樹喪服

張華曰匈奴名冢曰逗落

近幸臣妾從死者多至數千百人舉事而候星月月盛壯則攻戰月虧則退兵其攻戰斬首虜賜一卮酒而所得鹵獲因以予之得人以爲奴婢故其戰人人自爲趣利善爲誘兵以冒敵故其見敵則逐利如鳥之集其困敗則瓦解雲散矣戰而扶輿死者盡得死者家財後北服渾庾屈射丁靈鬲昆薪犂之國於是匈奴貴人

大臣皆服以冒頓單于爲賢是時漢初定
中國徙韓王信於代都馬邑匈奴大攻圍
馬邑韓王信降匈奴匈奴得信因引兵南
踰句注攻太原至晉陽下高帝自將兵往
擊之會冬大寒雨雪卒之墮指者十二三
於是冒頓佯敗走誘漢兵漢兵逐擊冒頓
冒頓匿其精兵見其羸弱於是漢悉兵多
步兵三十二萬北逐之高帝先至平城徐廣
曰在鴈門步兵未盡到冒頓縱精兵四十萬騎圍

高帝於白登七日漢兵中外不得相救餉匈奴騎其西方盡白馬東方盡青駹馬北方盡烏驪馬南方盡騂馬高帝乃使使閒厚遺閼氏閼氏乃謂冒頓曰兩主不相困今得漢地而單于終非能居之也且漢王亦有神單于察之冒頓與韓王信之將王黄趙利期而黄利兵又不來疑其與漢有謀亦取閼氏之言乃解圍之一角於是高帝令士皆持滿傅矢外鄉從解角直出竟

與大軍合而冒頓遂引兵而去漢亦引兵
而罷使劉敬結和親之約是後韓王信爲
匈奴將及趙利王黃等數倍約侵盜代雲
中居無幾何陳豨反又與韓信合謀擊代
漢使樊噲往擊之復拔代鴈門雲中郡縣
不出塞是時匈奴以漢將衆往降故冒頓
常往來侵盜代地於是漢患之高帝乃使
劉敬奉宗室女公主爲單于閼氏歲奉匈
奴絮繒酒米食物各有數約爲昆弟以和

親冒頓乃少止後燕王盧綰反率其黨數千人降匈奴往來苦上谷以東高祖崩孝惠呂太后時漢初定故匈奴以驕冒頓乃爲書遺高后妄言高后欲擊之諸將曰以高帝賢武然尚困於平城於是高后乃止復與匈奴和親至孝文帝初立復脩和親之事其三年五月匈奴右賢王入居河南地侵盗上郡葆塞蠻夷殺略人民於是孝文帝詔丞相灌嬰發車騎八萬五千詣高

奴擊右賢王右賢王走出塞文帝幸太原
是時濟北王反文帝歸罷丞相擊胡之兵
其明年單于遺漢書曰天所立匈奴大單
于敬問皇帝無恙前時皇帝言和親事稱
書意合歡漢邊吏侵侮右賢王右賢王不
請聽後義盧侯難氏徐廣曰音支等計與漢吏
相距絕二主之約離兄弟之親皇帝讓書
再至發使以書報不來漢使不至漢以其
故不和鄰國不附今以小吏之敗約故罰

右賢王使之西求月氏擊之以天之福吏

卒良馬強力以夷滅月氏盡斬殺降下之

定樓蘭徐廣曰一云樓湟烏孫呼揭音桀及其旁二十

六國皆以爲匈奴諸引弓之民并爲一家

北州已定願寢兵休士卒養馬除前事復

故約以安邊民以應始古使少者得成其

長老者安其處世世平樂未得皇帝之志

也故使郎中係雩火胡反淺奉書請獻橐他

一匹騎馬二匹駕二駟四皇帝即不欲匈奴

近塞則且詔吏民遠舍使者至即遣之以六月中來至薪望之地漢書音義曰塞下地名書至漢議擊與和親孰便公卿皆曰單于新破月氏乘勝不可擊且得匈奴地澤鹵非可居也和親甚便漢許之孝文皇帝前六年漢遺匈奴書曰皇帝敬問匈奴大單于無恙使郎中係雩淺遺朕書曰右賢王不請聽後義盧侯難氏等計絕二主之約離兄弟之親漢以故不和鄰國不附今以小吏敗

約故罰右賢王使西擊月氏盡定之願寑
兵休士卒養馬除前事復故約以安邊民
使少者得成其長老者安其處世世平樂
朕甚嘉之此古聖主之意也漢與匈奴約
爲兄弟所以遺單于甚厚倍約離兄弟之
親者常在匈奴然右賢王事巳在赦前單
于勿深誅單于若稱書意明告諸吏使無
負約有信敬如單于書使者言單于自將
伐國有功甚苦兵事服繡袷綺衣繡袷長

襦（徐廣曰一本無袷字）錦袷袍各一比余一（徐廣曰或作疏比也）黃
金飾具帶一（漢書音義曰要中大帶）黃金胥紕一（徐廣曰或作犀
毗而無一字）繡十匹錦三十匹赤綈綠繒各四十
匹使中大夫意謁者令肩遺單于後頃之
冒頓死子稽粥立號曰老上單于老上稽
粥單于初立（徐廣曰一云稽粥第二單于自後皆以弟別之）孝文皇帝
復遣宗室女公主為單于閼氏使宦者燕
人中行說傅公主說不欲行漢彊使之說
曰必我行也為漢患者中行說既至因降

單于單于甚親幸之初匈奴好漢繒絮食物中行說曰匈奴人衆不能當漢之一郡然所以強者以衣食異無仰於漢也今單于變俗好漢物漢物不過什二則匈奴盡歸於漢矣韋昭曰言漢物十中之二入匈奴匈奴則動心歸漢矣其得漢繒絮以馳草棘中衣袴皆裂敝以示不如旃裘之完善也得漢食物皆去之以示不如湩湩乳汁也音都奉反酪之便美也於是說教單于左右疏記以計課其人衆畜物漢遺單于書

牘以尺一寸辭曰皇帝敬問匈奴大單于
無恙所遺物及言語云云中行說令單于
遺漢書以尺二寸牘及印封皆令廣大長
倨傲其辭曰天地所生日月所置匈奴大
單于敬問漢皇帝無恙所以遺物言語亦
云云漢使或言曰匈奴俗賤老中行說窮
漢使曰而漢俗屯戍從軍當發者其老親
豈有不自脫溫厚肥美以齎送飲食行戍
乎漢使曰然中行說曰匈奴明以戰攻為

事其老弱不能鬬故以其肥美飲食壯健
者蓋以自為守衛如此父子各得久相保
何以言匈奴輕老也漢使曰匈奴父子乃
同穹廬而臥漢書音義曰穹廬旃帳父死妻其後母兄
弟死盡取其妻妻之無冠帶之飾闕庭之
禮中行說曰匈奴之俗人食畜肉飲其汁
衣其皮畜食草飲水隨時轉移故其急則
人習騎射寬則人樂無事其約束輕易行
也君臣簡易一國之政猶一身也父子兄

弟死取其妻妻之惡種姓之失也故匈奴雖亂必立宗種今中國雖佯不取其父兄之妻親屬益疏則相殺至乃易姓皆從此類且禮義之敝上下交怨望而室屋之極生力必屈夫力耕桑以求衣食築城郭以自備故其民急則不習戰攻緩則罷於作業嗟土室之人顧無多辭令喋喋 音諜利口也 而佔佔 昌占反衣裳貌 冠固何當 言雖復着冠固何當所益 自是之後漢使欲辯論者中行說輒曰漢使無多

言顧漢所輸匈奴繒絮米糵令其量中必善美而已矣何以爲言乎且所給備善則已不備苦惡韋昭曰苦麤也音若靡盬之盬則候秋孰以騎馳蹂而稼穡耳徐廣曰蹂音而九反日夜教單于候利害處漢孝文皇帝十四年匈奴單于十四萬騎入朝那蕭關殺北地都尉卬徐廣曰姓孫其子單封爲缾侯白丁反虜人民畜產甚多遂至彭陽徐廣曰在安定使奇兵入燒回中宮候騎至雍甘泉於是文帝以中尉周舍郎中令張武爲將軍

發車千乘騎十萬軍長安旁以備胡寇而
拜昌侯盧卿爲上郡將軍甯侯魏遫爲北
地將軍隆慮侯周竈爲隴西將軍東陽侯
張相如爲大將軍成侯董赤爲前將軍大
發車騎往擊胡（徐廣曰內史欒布亦爲將軍）單于留塞內
月餘乃去漢逐出塞即還不能有所殺匈
奴日已驕歲入邊殺略人民畜產甚多雲
中遼東最甚至代郡萬餘人漢患之乃使
使遺匈奴書單于亦使當戶報謝復言和

親事孝文帝後二年使使遺匈奴書曰皇
帝敬問匈奴大單于無恙使當戶且居雕
渠難郎中韓遼遺朕馬二匹已至敬受先
帝制長城以北引弓之國受命單于長城
以內冠帶之室朕亦制之使萬民耕織射
獵衣食父子無離臣主相安俱無暴逆今
聞渫惡民貪降其進取之利倍義絕約忘
萬民之命離兩主之驩然其事已在前矣
書曰二國已和親兩主驩說寢兵休卒養

馬世世昌樂闓然更始徐廣曰闓音㩉安定意也朕甚嘉之聖人者日新改作更始使老者得息幼者得長各保其首領而終其天年朕與單于俱由此道順天恤民世世相傳施之無窮天下莫不咸便漢與匈奴鄰敵之國匈奴處北地寒殺氣早降故詔吏遺單于秫糵金帛絲絮佗物歲有數今天下大安萬民熙熙朕與單于為之父母朕追念前事薄物細故謀臣計失皆不足以離兄弟之

驩朕聞天不頗覆地不偏載朕與單于皆
捐往細故俱蹈大道墮壞前惡以圖長久
使兩國之民若一家子元元萬民下及魚
鼈上及飛鳥跂行喙息蠕動之類莫不就
安利而辟危殆故來者不止天之道也俱
去前事朕釋逃虜民單于無言章尼等朕
聞古之帝王約分明而無食言單于留志
天下大安和親之後漢過不先單于其察
之單于既約和親於是制詔御史曰匈奴